融合与创新：翻译教学与研究

孙乃荣　著

南开大学出版社

天　津

图书在版编目(CIP)数据

融合与创新 : 翻译教学与研究 / 孙乃荣著. —天津: 南开大学出版社，2017.6
ISBN 978-7-310-05378-0

Ⅰ.①融… Ⅱ.①孙… Ⅲ.①翻译－教学研究 Ⅳ.①H059

中国版本图书馆 CIP 数据核字(2017)第 110649 号

南开大学出版社出版发行
出版人：刘立松

地址：天津市南开区卫津路 94 号　　邮政编码：300071
营销部电话：(022)23508339　23500755
营销部传真：(022)23508542　　邮购部电话：(022)23502200

*

天津泰宇印务有限公司印刷
全国各地新华书店经销

*

2017 年 6 月第 1 版　　2017 年 6 月第 1 次印刷
210×148 毫米　32 开本　6 印张　147 千字
定价：28.00 元

如遇图书印装质量问题,请与本社营销部联系调换,电话：(022)23507125

本书为 2014 年河北省高等学校英语教学改革立项重点项目"依托项目模式在翻译教学中的应用"（编号：2014YYJG213）部分成果。

前　言

当前，随着外语教学"翻译转向"时代的到来，翻译教学与研究工作在今天显得更加重要，不可或缺，翻译事业得到前所未有的发展，对其进行深入研究是顺应时代大潮的需要。

本书为 2014 年河北省高等学校英语教学改革立项重点项目"依托项目模式在翻译教学中的应用"部分成果，是作者多年来从事翻译教学与研究的积淀之作。本书分三部分：翻译理论与研究、翻译教学、翻译教学案例，从理论和实践两个方面阐述作者对翻译作为人类最为复杂活动之一的认知与理解。翻译理论与研究部分，从解读翻译经典之作出发，注重从理论视角解读翻译实践，包括关联理论、目的论、顺应论、原型范畴理论等，同时重点说明翻译的传播作用；翻译教学部分融合作者多年教学经验，多视角地探究翻译教学，尤其是实用翻译教学及人才培养模式，体现作者十年翻译教学经验的理念；翻译教学案例部分则展示了"基于网络和工作坊研究型翻译教学"的模式，体现了网络化时代翻译教学的创新与突破。

鉴于当前翻译教学与研究的实际情况，本书在翻译研究方面有如下一些特点：

1. 由于当今翻译理论界注重纯理论研究，翻译实践从业者对理论缺乏重视。本书旨在两者之间架构一座桥梁，为翻译理论提供可细化的框架，为翻译实践工作者提供理论支撑。

2. 翻译教学应更加注重多模式的效果考察，凸显网络化时代与翻译教学融合的优势。在注重提升教学层次的基础上，将研究理念渗透其中，以体现当今时代翻译教学的特点和内涵。

　　本书可为英语专业、翻译专业学生，以及翻译教师和翻译行业从业者提供实用的业务参考。同时，本书作者水平有限，错误之处在所难免，承望同行不吝指正。

目录

翻译教学案例

翻译理论与研究

《翻译理论与实践》评介

摘要：《翻译理论与实践》是美国语言学家、翻译家和翻译理论家尤金·奈达的代表作之一，是从事翻译研究学者的必读书目，具有相当的学术影响力。本文首先概述了这本经典著作的主要内容，继而对奈达博士在翻译理论上的贡献予以总结，最后就其中的核心概念"动态对等"的缺陷与不足提出了一些个人见解。

关键词：动态对等　核心句　读者反应

尤金·奈达博士是著名的语言学家和翻译学家。他长期从事翻译实践活动，1943 年获语言学博士学位，长期在美国圣经学会主持翻译部的工作。他从实际出发，逐渐阐发出了一套自己的具有可操作性的翻译理论，最终成为翻译研究的经典之一。他先后访问过 90 多个国家和地区，并著书立说，单独或与人合作出版了40 多部书，发表论文 250 余篇。

奈达博士是美国当代著名翻译理论家，也是西方语言学派翻译理论的主要代表，其翻译思想和翻译理论对全球翻译界产生了深远的影响。奈达的论著自传入中国译界之后，为中国翻译学术界开阔了视野，以全然不同于我国传统译论的研究方法、理论基础打破了"信，达，雅"一统天下的局面，丰富了中国译学的内容。谭载喜教授在其专著《翻译学》中将奈达的翻译思想分成了三个主要阶段：（1）描写语言学阶段；（2）交际理论阶段；（3）社会符号学阶段。其中《翻译理论与实践》是第二阶段的代表作，也是其翻译思想成熟期的集中表现。它深入浅出，列举了大量实例，在分析例子的基础上与理论相结合，提出许多颇有见地的翻译原则和思想，既重视理论又强调实践，堪称学术著作的典范。

一、《翻译理论与实践》内容概述

本书中奈达提出了著名的动态对等翻译理论、读者反映论，剖析了翻译的性质和过程。（1）动态对等翻译理论。奈达认为所谓翻译，即在译入语中使用最贴近而又最自然的对等语再现源语的信息。第一是意义，第二是文体。这三个重要概念：最贴近（the closest）、自然（natural）和对等（equivalent）表明奈达对翻译的观念和态度，即任何能用一种语言表达的东西都能用另一种语言表达。语际之间并不存在某一语言"先进"、某一语言"落后"而无法翻译的问题。（2）读者反映论。奈达认为评价译文的重要途径之一就是把读者阅读译文后的反应同阅读原文后的感受相比较。译文质量的优劣须看读者对译文的反应是否与读原文的反应基本上相同。（3）翻译的过程。本书的后六章奈达对翻译的过程进行了详细的阐述，他提出了四步式，即分析、传译、重组、检验，其中分析最为关键复杂。他借用乔姆斯基的核心句、表层结构和深层结构理论，创立了一种完整的语际转换过程的描述模式：表层—深层—转换—深层—表层。对词类他提出了新的划分方法，即物体词、活动词、抽象词、关系词，取代了用传统的词性来描写词汇之间的语义关系。奈达对词汇的所指意义进行分析，介绍了链状分析法、层次结构分析法和成分分析法，又从语用的角度分析了词的内含义。传译部分，即从源语到译语。奈达在这一部分重点阐述了传译中所需调整的部分及习语、喻义等的传译，以达到完整传递信息、保存信息内含义的目的。重组部分，奈达认为应该从语言、文体特征、用途、话语结构、译者职能几个方面重新整理出符合译入语习惯的译文。检验译文效果时，奈达认为重点应该放在译文是否做到与原文灵活对等，即读者对译文的反应如何，是否同原文读者对原文的反应一致，并介绍了检验的程序和方法。

二、奈达理论的贡献

1. 奈达博士的翻译理论是我们学术门户对外开放后被较早引进的当代西方译论。这一理论将翻译问题纳入语言学的研究领域，极大地丰富了我国译学建设的研究方法。它的学术性、系统性和跨学科性让中国翻译界耳目一新。纵观我国传统译论，不论是严复的"信，达，雅"，还是鲁迅的"宁信而不顺"，或是傅雷的"重神似而不重形似"以及钱钟书的"化境"等，这些中国传统的翻译说充其量只是翻译的经验之谈，表达过于模糊、含蓄，没有明确解释或详细论证，在对具体的翻译实践的指导上难见其效。总的来说是一种"随想式、印象式、评点式"的经验主义，缺乏系统性、理论性，往往把翻译质量的优劣好坏完全系于译者个人天赋和语文才能，而不过问翻译过程中有没有所有译者都必须遵循的共同规则。而奈达的翻译理论是建立在现代语言学理论基石之上的，他广泛运用语义学理论，尤其是运用其中的语义成分分析法对词汇所指意义进行了客观准确的分析，采用七个最基本的核心句、五个转换步骤对句子表层结构加以分解，打破了传统翻译中词类对应的束缚，而核心句的理论又为大胆改变句子表层结构、准确传达原文信息、让译者透彻理解译文铺平了道路。奈达的方法克服了传统翻译理论的弊端，将翻译研究带入了科学的阶段，拓展了研究的视野，使我国译学建设研究的方向向着科学性与系统性方面迈进了一大步。

2. 奈达理论对实践的指导作用。（1）传统语法将词按照词性分类，如名词、动词、代词等，对于我们多年学习外语的人来说这是再熟悉不过的语法规则了。然而，带着这些条条框框步入翻译领域时，我们的译文就会受其影响，如 She danced beautifully，按语法规律就会译成"她优美地跳着舞"，因为 beautifully 在语法上是副词，在这里修饰动词"跳舞"的。用词性只能说明词与词之间的关系，但本句在语义上等于"Her dancing was very beautiful"，因此只要上下文允许，译成"她的舞姿优美"或"她舞跳得很美"也许更加合适。为了能更科学地揭示词汇之间句法结构的关系，奈达将词重新分类，改用实体（object）、事件（event）、抽象概念（abstract）、关系（relation）。虽然从表面看只是换了个名称，内容依旧，但仔细分析就会发现这一分类更清楚地说明各成分之间的关系。如 dance 在传统语法中有两个身份，一个名词，一个动词。但根据奈达的划分法，dance 只是一个事件，是译成名词还是动词并无多大差别，符合译入语的习惯就可以，不一定受原文词性束缚。英文中有些词的结构翻译时会造成很大麻烦，如 economically damaging policy，按传统语法分析 economically 是副词修饰形容词化的 damaging，直译为"在经济上有破坏的政策"。但用奈达的分析法在这个短语中 economically 是 object，damaging 则是 event，policy 也是 object。它们之间的修饰关系应该是 3（policy）does 2（damage）to 1（ecoconomy），所以此短语也可翻译为"损害经济的政策"，既摆脱了原文词类的束缚，又以符合译语的习惯准确表达出了意义，对于翻译实践具有普遍的指导意义。（2）核心句转换句型克服句法障碍。奈达对词类的重新划分可以帮助我们摆脱词法的束缚，但造成译文生硬的一个更大的困难是原文的句法。为了克服句法的障碍，奈达借助乔姆斯基理论，使用其中核心句的概念将句子用七个最基本的核心句来分解。任何复杂的句子都可以简化为数个核心句或近似核心句的句子，既有助于理解原文，更有助于流畅地表达译语。下面这个句子是一个非常复杂的句子：There is something I must say to the boy who is standing at the green gate which leads to the classroom。这个句子是英文的句法结构，中文不会这么写。因此，如果直译会很拗口，但拆成核心句后就会容易得多：1 There is something，2 I must say something（to the boy），3 The boy is standing（at the green gate），4 The gate is green，5 The gate leads（to the classroom）。译文：通往教室的绿门那儿站着个男孩，我有些事情必须得跟他说。虽然这个过程有些烦琐，但对我们克服句法结构的障碍提供了解决之道，从而有助于用更地道的译语表达原文。

三、动态对等理论的缺陷与不足

奈达的动态对等翻译理论的目标就是为《圣经》翻译服务，宗旨是忠实传达上帝的旨意，因此内容主要，形式次要。从《圣经》的翻译目的和功能来看，这一翻译策略无可厚非。但中国翻译界所接受的奈达的译论却不是《圣经》翻译理论，而是普通翻译理论。从这个角度看，文化差异的存在决定读者反应不可能相同。一种语言创作的作品只有生活在这种语言文化环境中的人才能作出作者所期待的反应，而且这种反应也只能大致相同，俗话说：一千个读者眼中就会有一千个哈姆雷特。因此，以读者反应是否相同来衡量翻译质量的标准就不切实际了。按照奈达的理论，如果译文的文化背景含义较深，译者就应通过加注解决，但实际效果是读者反应难以一致。如在中国文化中，结婚时有"随份子""见面礼"等习俗，这些词汇中蕴涵丰富的文化含义是很难找到合适的译语来表达，因此翻译这种词时多用直译加注处理，译语读者只有在读了注释之后才能理解其中的文化内涵。但他们的反应可能与中国读者一样吗？碰到这样的词语，中国读者内心的相应形象会立即浮现，而译语读者只能通过注释来了解，这远非亲眼所见来得生动形象。因此，文化差异的客观存在难以使两国读者对作品反应一致。而且，读者之间种族不同，风俗、习惯、思想以及受教育程度都不尽相同，这些因素的影响都使得同样的反应难以实现。此外，翻译的功能既是信息交流，同时更是文化交流。按照奈达理论，译文须力图使用最切近、最自然的表达方式。这种重视译文可读性的做法和我国传统译论中的"归化"译法有着异曲同工之处。然而翻译要达到文化交流的目的，否则的话，我们语言中不会有"鳄鱼的眼泪""武装到了牙齿"这样的词汇了。拿《红楼梦》的翻译来说，杨宪益先生为了尽可能多地传播中国文化，基本采用遵从原文的译法；而霍克斯的译文则相对灵活，更符合译入语的表达习惯。按奈达的理论，为了使读者感受相同，显然应该用霍克斯的译法，但其结果却无法达到文化交流的目的。如霍克斯把"红"（怡红院）译成 Green，英文读者就会以为东西方对同一颜色的文化内涵是相同的，这显然不能达到交流的目的。

因此，以读者反应为基础的动态对等翻译理论很难做到严密性，在促进文化交流传播方面也难见其效。奈达翻译理论无论是在西方还是东方翻译界都产生了不小的影响，正确认识与评价其理论是翻译工作者的一项任务。我们既要研究借鉴有益的研究方法、理论模式和翻译技巧，丰富并发展我国翻译研究领域，同时也应该正视其理论体系中的不足之处，以期建立更全面、系统、实用的翻译理论体系。总的来说，奈达的理论对西方现代翻译理论的发展是具有突出贡献的，只要有翻译理论研究的地方就会有人通过各种形式了解、引用奈达的翻译理论。一言以蔽之，"奈达给翻译研究注入了一种新的活力，为当代翻译理论的发展作出了杰出的贡献"。

参考文献

1. Eugeng A. Nida & Charles R. Taber. *The Theory and Practice*

of Translation[M]. Leiden: E. J. Brill, 1982.

2. 熊德米. 奈达翻译理论评述[J]. 重庆大学学报（社会科学版），2001（04）.

3. 郭建中. 当代美国翻译理论[M]. 武汉：湖北教育出版社，2000.

《语言学翻译理论》评介

摘要：卡特福德在《语言学翻译理论》一书中将翻译定义为：用一种等值的语言的文本材料去替换另一种语言的文本材料，用程度、层次、阶等概念对翻译系统科学地进行分类。其理论虽有局限性，但仍为翻译理论研究提供了新途径。

关键词：卡特福德　语言学翻译理论　等值翻译

卡特福德是英国著名的语言学家和翻译理论家，他的《语言学翻译理论》是英国翻译理论语言学派的代表作，在西方翻译理论界产生了极其深远的影响。如果说奈达的理论让我们初步认识了西方现代翻译研究的一大特点，即把翻译问题纳入语言学研究领域，那么卡特福德的理论则进一步深化了这一特点。他以普通语言学理论为母论，提出一整套完整的、科学的翻译理论，开辟了翻译理论研究的新途径。

一、《语言学翻译理论》内容概述

1. 卡特福德翻译理论基础

本书的母论是依据韩礼德的系统功能语法理论，并在很大程度上受到弗斯著作的影响。卡特福德认为任何翻译理论都必须采用某种语言的理论，即普通语言学理论。语言本身是一种固有模式，是形式（form），不是实体（substance）。他借用了系统语法对语言的分类，认为语言有三个基本层次：实体、形式和语境。

事实上，实体（包括语言实体和字型实体）和语境都是超语言的。语言内部层次就是这些媒介的形式，是对实体的一种抽象。这种抽象在四个层面：音位层、字型层、语法层和词汇层。同时卡特福德还借用了语言学理论的基本范畴：单位（unit）、结构（structure）、类别（class）和系统（system），以及三个阶即级阶（rank）、说明阶（exponence）和精密阶（delicacy）的抽象概括。

2. 翻译的定义及基本类型

（1）翻译的定义。卡特福德认为翻译理论是比较语言学的一个分支。他将翻译定义为：用一种等值的语言（译语）的文本材料去替换另一种语言（原语）的文本材料（textual material）。这里卡特福德使用 textual material 而不是 text，是因为卡特福德认为 text 作为整体是无法完整地从一种语言翻译到另一种语言中去的，实际上他承认了翻译的片面性。换言之，在翻译的过程中，原语中的四个层次是不可能完全同时翻译到译语中的，只能做到其中一个层面上的对等。

（2）翻译的类型。卡特福德用程度、层次、阶等概念对翻译系统进行了科学分类。

①以程度而论：卡特福德把翻译分为全文翻译和部分翻译，前者是指原语文本的每一部分都要用译语文本的材料来替换，而后者则指原语文本的某一部分或某些部分是没有翻译的，由于种种原因某些词不译或不可译，只是原封不动地搬进译文。

②以层次而论：有完全翻译和有限翻译之分。完全翻译即原语从语法结构到词汇都有译文的对等形式，随之而来的是原语的音位或字型被（不对等）译语的音位或字型替换。由于原译语之间存在差别，从这个意义上讲，完全翻译是不可能实现的。有限翻译指的是仅在一个层面上的翻译，即音位、字型、语法、词汇四个层面中的一个。在这里，值得提出的是卡特福德并未完全套用韩礼德的理论，而是将音位和字型同语法和词汇相分离，独立

存在。这种分类法正是卡氏理论得以成立的基础。

③卡特福德还从阶的角度对翻译进行分类，用级阶的概念重新阐释了逐词翻译、直译和意译的定义。逐词翻译是限定在单词的对等关系方面；意译不受级阶限制，可在上下级之间变动，寻求等值关系；而直译则介于两者之间。

3. 等值翻译

这是翻译实践和理论研究的中心问题，它包括两方面：

（1）文本等值关系和形式对应关系。对等是一种以经验为依据的现象，是根据两种语言的比较发现的。在讨论翻译等值关系时，卡特福德提出有必要区别文本等值关系和形式对应关系。文本等值关系是指在特定情况下译文与一定原文的对等。就此，卡特福德借用概率分析英法语中冠词的对等关系。形式对应是指译语的语法范畴与原文语法范畴在各自语言中占有相应的位置。形式对应只可能是近似的，在相对高一些的层次上较易建立。文本等值和形式对应关系之间的差异程度是衡量语言类型差异的尺度。

（2）卡特福德给等值翻译所下的定义比较狭窄。他认为，只有当原语与译语文本或其中的语言单位与相同的（至少部分相同的）实体特征相关，等值翻译才有可能发生。根据这一定义，音位翻译的等值基础是原语和译语的音位单位具有相同语音实体，字型翻译的等值基础是原语和译语有相同的实型实体，语法词汇翻译的等值基础同样也是同一语境实体。从以上观点出发，卡特福德认为：一方面，媒介之间翻译是不可能的；另一方面，无论是媒介层次（音位或字型）之间还是语法和词汇层次之间的翻译都是不可能的（即不能把原语音位译成译语语法，或把原语词汇译成译语字型）。

4. 意义与转移

就翻译的意义而言，卡特福德沿用弗斯观点：任何语言形式

（文本，文本中的条目、结构、结构成分、类别、系统中的术语）构成的关系总网络，意义是一种语言的特征，原语有原语的意义，译语有译语的意义。意义是关系的总网络，因此翻译中最重要的两个关系就是形式关系和语境关系。由于语言的形式意义和语境意义是由该语言的形式关系和语境关系决定，因此一种语言的意义不可能传输到另一种语言中，但可用转移（transference）使译文具有原文所包含的值。翻译与转移是两个必须区分的概念，前者是用译语的意义替代原语的意义，而后者是将原语的意义移植（implantation）到译语文本中去。

5. 翻译转换

翻译转换即原语进入译语的过程中偏离形式的对应。它主要有两种类型，一种叫做层次转换，另一种叫做范畴转换，而范畴转换又可以细分为结构转换、级别转换、单位转换和内部体系转换。

6. 社会—语境因素

《语言学翻译理论》最后两章论述的是翻译活动中的社会—语境因素和文化因素。卡特福德将语言细分为各种分支语言，即个人性习语、方言、语体和语式，然后据此考察翻译活动所涉及的社会—语境因素和文化因素，以及对应的翻译策略。最后，卡特福德论述了可译性的限度问题，主要有两种类型不可译：（1）语言方面的不可译现象，有双关语、歧义语法结构；（2）文化方面的不可译是由于不同的社会风俗、不同的时代背景等非语言因素引起的。

二、卡特福德理论的贡献

1. 卡特福德开拓翻译理论研究新途径

卡特福德的《语言学翻译理论》是一部科学严谨且自成体系的翻译理论专著，它以韩礼德的系统功能语法为基础，结合卡特福德自身的创造使本书极具学术价值，是一部开拓翻译理论研究新途径的著作。他沿用普通语言学理论的框架，结合创新，详尽系统地阐述了一些翻译理论中的传统概念，如直译、意译、逐字翻译等。对于这些概念，以往我们常常停留在一种主观的认识上，多以直观的经验之谈下定义。而卡特福德却借用语言学理论，从级阶的概念上重新定义了一个客观的标准，令人耳目一新。

卡特福德在论述意义的概念时沿用的是弗斯的观点："原语和译语文本具有相同的意义或者认为在翻译中发生了意义的转移，这种观点是站不住脚的。"意义是语言的一种特性，一篇原语文本具有其原语的意义，译语文本也有译语的意义，由于各自语言系统的必然差异，我们可以理解卡特福德的观点为意义是不可译的。这种观点初听上去很荒诞，难以理解，然而细想之后却也有其道理所在。卡特福德认为意义是一种语言形式之间构成的关系总网络，这种关系主要有两种，一是形式关系，二是语境关系。由于两种语言条目间形式关系的不同以及与条目相关的语境意义不同，因此，原译文之间意义必然不同，自成体系，不可以翻译。可以说，卡特福德另辟蹊径，总结出了一套语言间普遍存在的现象。事实上，每种翻译理论都从各个不同的角度总结翻译过程中的规律与特点，并运用科学的方法加以描述。卡特福德的理论则将语言学应用于翻译理论研究，建立起一套完善的理论体系，并在其框架内按既定的规范重新阐释了一些传统概念。由于人文学科的特点之一是仁者见仁、智者见智，持其他理论观点来看卡特福德理论会觉得难以成立。然而，每种理论必有其存在的意义，必将对实践及认识产生一定的影响。我们认为，正确的态度应该是海纳百川、兼收并蓄。对待每种理论不该抱着先入为主的成见，而应以宽容的态度，本着"为我所用、于我有益"的原则借鉴其中的新观点、新思想，以此充实我们自己的译学理论体系。

2. 对等词不对等对实践的指导

在《语言学翻译理论》第七章中，卡特福德给出了翻译对等词的条件，即译文文本必须至少和某些与原文文本有关的语境实体特征相符合。将这个定义引申一下便可理解翻译对等词完全对等是很难做到的（某些科技或专业术语、专有名词等除外）。这种例子在翻译实践中不胜枚举。

例如：The ship turned just in time，narrowly missing the immense wall of ice which rose over 1000 feet out of water beside her.

译文：轮船及时转弯，小心翼翼地错过了那堵高达 100 多英尺的冰墙。

译文初看上去很通顺，而事实上却是错误的翻译。卡特福德的对等词之间必须同现实世界中的特征至少部分吻合，即它们在一定语境中互为对等词。该句的语境是轮船由于转弯及时才勉强错过冰墙。译文 narrowly 的对等词视为"小心翼翼"。很明显，这两个词在语境实体中并没有吻合的地方。其实，只要查一下原文字典就可知 narrowly 还有一层含义是 with little to spare，这样，结合上下文就可以翻译成：船转弯恰好很及时，才勉强错过那堵高出水面 100 多英尺的冰墙。在汉译英当中也存在对等词不对等的情况，如汉语中的"情况"一词翻译成英语就有多个对等词：（1）他们的情况怎样？这里的"情况"指的是事物、事情，其英文对等词应该是 matter，因为二者的语境部分特征吻合，故可翻译为：How do matters stand with them?（2）"前面有情况，做好战斗准备"，这里"情况"一词指的就是军事上的敌情，故可翻译为：enemy activity，全句则为：There's enemy activity ahead. Prepare for combat。因此，对等词不对等绝不是个别现象，而是普遍存在的。学习外语多年的人都会在实践中或多或少有过这样的经历，但很少有人像卡特福德那样从语言学的角度来阐明这个现象，并总结出一定的原则、理论、模式来解释翻译范畴内的现象，从而最终构建一套完备的理论体系。"对等词不对等"的规则似乎并不难理解，然而如何从翻译实践中总结规律，最终上升到理论高度却需要大量的实践积累。理论来源于实践，最终会更好地指导实践。认真理解好卡特福德的理论会在实践中更有意识地注意到这个规律，从而在选词、取义、结合语境寻找对等词方面就会有一套科学的理论作指导，更好地促进实践能力的提高。

3. 等值翻译

卡特福德从语言学和概率论角度进行翻译研究，提出等值翻译理论。在他的理论体系中，卡特福德认为确立翻译等值的基础是语法等级，即词素、单词、词组、子句和句子，但他同时强调译者的任务主要是寻求内容等值，而不仅仅是形式对应，最终应产生与原文语义等值的译文，并规定了等值翻译实现的条件，给这一理论赋予了具体的内容。奈达对"对等"含义的理解与卡特福德不尽相同，奈达注重的是"等效"，也就是强调译文的效果，为了突出效果，形式可以舍弃。而等值翻译理论则注重强调语言形式，更多关注译文与原文的形式，二者各有所侧重，具有互补性。可见，每种翻译理论各有其道理所在。我们的任务不是徒劳地比较孰优孰劣，而应该是采撷众家之长，汲取精华所在，更好地与翻译实践结合起来。正确理解等值翻译理论，从句子的单位确立翻译等值关系，可以使我们不必局限于直译与意译之争，从新的角度看待翻译。而动态翻译理论则提示我们应更多地站在读者角度审视译文。

三、卡特福德理论的局限性

1. 卡特福德认为翻译是语言学的一个分支，是属于比较语言学的一个分支，这种认识是相当局限的。

翻译确实与语言相关，但翻译研究绝不仅仅是语言内部的问题。翻译理论的研究（或翻译学）已经发展成为一门相当独立的综合性的学科，同语言学、文艺学、社会学、心理学等多门学科都有密切的关系，绝非是一个分支。如果抱有这样的想法将无疑把翻译研究局限在一个狭小的范围内，不利于视野的开阔，将会阻碍翻译理论研究的科学发展。

2. 卡特福德密切结合语言学研究成果对翻译类别、对等等课题作了较为系统的阐述，而他的翻译理论体系仅限于语言领域内的研究，没有涉及社会文化因素，这不能不说是一大缺憾。语言是文化的载体，也是一种文化活动。社会生活的发展、民族文化的发展都会在语言中得到迅速直接的反映，而翻译作为语际间转换的手段不可避免地要受社会文化等因素的影响，如生活习俗、宗教信仰、地理位置等。因此，翻译不仅仅是语言内部的行为，就这点而言，卡特福德的理论显得不够完善、全面。

卡特福德所开创的翻译语言学研究理论对早期翻译研究派产生了积极的影响，他提出的许多基本原则和翻译方法至今仍具有理论与实践意义，翻译的语言学研究至今仍是众多研究方法中彼此互补的一种。卡特福德的研究方法和理论探索极大地促进了翻译研究的充实与完善，使其逐渐发展成为独立的前景广阔的研究领域。

翻译中文化背景因素分析

摘要：英汉语际翻译工作要求译者具备多方面的素质，在总结五种必备素质基础上，提出掌握必要文化背景知识的重要性，并分别从宗教信仰、历史文化、生活习俗、地域文化差异以及作者生平和写作风格等主要方面加以概述，同时列举实例进行分析，指出对原语国家文化背景知识的了解在一定程度上制约译者对原文的理解，在此基础上总结出文化背景知识对翻译实践是必不可少的。

关键词：翻译 文化背景 理解

翻译，简言之，就是把一种语言文字所表达的意义用另一种语言文字表达出来。说的通俗一些，就是译者把别人说的话，写的东西，按照原文的内容、风格、情感忠实地表述出来，而不作篡改。话虽如此，但真正做好翻译工作并非易事。与作家不同，译者无法做到随心所欲地直抒胸臆，其创作的自由度十分有限。译者在翻译时，自始至终都受到原文内容和不同语言习惯的制约，正如闻一多先生所比喻的"戴着脚镣跳舞"。优秀翻译家的高明之处在于他们往往可以在忠实于原文和通顺表达译文之间找到契合点，作到形神兼备，而这其实也是众多翻译工作者孜孜以求的理想境界。

要成为一名合格的翻译，对于青年学子来讲，所要具备的素质还有很多，笔者认为应该包括以下几个方面：一是较高的外文水平。著名语言学家王宗炎在《辩义为翻译之本》一书中，将翻译中的理解和表达比作一辆自行车的两个轱辘，缺一不可。但权衡一下，还是理解更为重要，理解不清就会表达不当。王老的话一针见血地道出精通原文是搞好外汉翻译的关键。如果译者水平不高，在理解原文方面就会有许多困难，造成理解肤浅或对句子的引申寓意理解不到，甚至产生与原文意思截然相反的理解。这样的译文造成的不良影响是可想而知的。二是较高的汉语水平。较高的汉语水平无论是在帮助理解原文还是在译文表达方面都是很重要的。汉语基础好，逻辑思维能力强，词汇量丰富，是作好双语翻译的必备条件之一。在理解正确的前提下，汉语水平的高低将直接决定译文质量的好坏。三是掌握翻译理论知识。翻译有其本身的特点和规律，前辈翻译家们在多年翻译实践中总结出的经验和体会对于后人来讲就是一笔巨大的财富，即理论来源于实践，反过来又能指导实践。作为有章可循的翻译；学习必要的理论知识对于深化实践能力起着不可忽视的作用：了解动态对等，你就会更多地以一个读者的角度来审视译文；掌握描写翻译理论，你就会以更为宽容的态度来评价不同的译文，更多地发掘不同译文的长处，而不再拿着一个框框去品头论足。除此之外，再加上自己的勤学苦练，定会事半功倍，取得长足的进步。四是精益求精的译风。搞翻译一定要谦虚谨慎，认真负责，精益求精。态度是否认真直接影响到译文质量的优劣。两个水平相当的人，由于译风的不同，其译文质量可能悬殊很大。即使同一个人，如果能不急不躁，字斟句酌，谦虚谨慎，反复核对，翻译出来的成品肯定会比他抢时间、赶任务、无暇反复校对的粗糙半成品好得多。因此，译风的好坏对译文质量的影响是巨大的。五是较丰富的文化背景知识。这也是我们所要讨论的重点。虽然不能要求译者行行都专，但译者应尽量多掌握一些文化背景知识。许多翻译家都提出译者要使自己成为杂家，就是说译者要有丰富的文化科技等方面的知识，更要了解英美等国家的历史，以及地理、风土人情、文化传统等。为了加强对文章的理解，译者有必要了解文章作者及其生活道路、创作思想、写作背景及反映的时代特征。这些在翻译时对准确表达出原文的意思和深层内涵有着重要的作用。

朱光潜先生在《谈翻译》一文中说："外国文学最难了解和翻译的第一是联想的意义……它带有特殊的情感氛围，甚深广而微妙，在字典中无从找到，对文学却极要紧，如果我们不熟悉一国的人情风俗和文化历史背景，对于文字的这种意义就茫然，尤其在翻译时，这一种字义最不易应付。"涉及文化背景知识的翻译实例不胜枚举。语言作为文化的组成部分是文化的载体，反映了一个民族丰富多彩的文化现象。因此，对比中西文化后，我们需了解的背景知识主要有以下几个方面：

1. 宗教信仰

众所周知，西方文化源头的代表是《圣经》，它很大程度上影响了西方文明的发展和社会演变，它深入人们的生活，影响人们的思想，而中国文化则受佛教影响较深。因此在翻译中，对于圣经文化的必要了解，有助于我们理解原文。例如，Mrs. Leivers stuck unflinchingly to the doctrine of "the other cheek". She could not instill it at all into the boys .With the girls she succeeded better, and Miriam was the child of her heart. （Sons and lovers）本句话的翻译难点是 the other cheek，很明显，如理解为"另一边脸"，整个句子根本无从译起。实际上，这个短语有深厚的宗教含义。根据《圣经》记载，耶稣对他的信徒说：有人打你的右脸，连左脸也转过来由他打。其中隐含着逆来顺受的处世态度。因此，本句笔者试译为：利弗斯（Leivers）太太始终如一地信奉逆来顺受的原则，然而她却毫无办法将其灌输到儿子们的头脑中，在女儿身上却颇有成效。尤其米里亚姆（Miriam）又是她最疼爱的孩子。这里，我们可将 the other cheek 的隐含义包含于其中，使得句意通顺，但前提却是正确的理解。记得以前曾在国外杂志上看到过一个基督徒的话，大意为：I think, because of my religious faith that I shall return to Father in an afterlife that is beyond description. 这里的 afterlife 到底如何理解和翻译？译成"来世"或"来生"？但这些都是佛教用语。可说话人是个基督徒，这样理解肯定不对。因为基督教认为，人死亡之后灵魂尚存，或上天堂，或下地狱，没有什么来生或来世。因此，这句话可翻译为：基于我的宗教信仰，我相信在我身后那难以描绘的时光里，我将回归上帝。可见，中英文翻译中对于宗教知识的掌握是十分必要的。

2. 历史文化

不同的民族，使用不同的语言，有不同的历史，不同的文化传统和生活习俗。每个民族都有自己的历史文化，也就是说他们各自的民族在其特定的历史发展中，形成了自己民族的特色。历史文化的一个重要内容体现为历史典故，这些典故具有浓厚的民族色彩和鲜明的文化个性。要对这些典故进行恰当的翻译，就必须了解他们丰富的历史文化内涵，并运用适当的方法。例如，东施效颦、夜郎自大、三顾茅庐等。由于这些成语中蕴涵深刻的文化内涵，所以给翻译工作也带来一定的困难。东施效颦，如果我们简单地翻译为 Dong Shi imitates Xi Shi，就传达不了其深刻的内涵，因为西方读者可能会问：东施和西施是什么人？考虑到读者需要，我们翻译时就要增加一些必要的信息，译文：Dong Shi imitates Xi Shi（Xi Shi was a famous beauty in the ancient Kingdom of Yue .Dong Shi was an ugly girl who tried to imitate her way）（杨宪益译）。这样成语的含义就准确表达出来了。我们华夏文化典故丰富，西方文化也是如此。著名文学家莎士比亚作品中的人物或事件往往都成了典故，例如，Many took to gambling and got in over their heads, borrowing from Shylocks to pay their debts. 句中的 Shylock 已经不是莎翁笔下《威尼斯商人》中那个具体的"夏洛克"，而是作为一个典故，通常指那些斤斤计较的放高利贷的人。如果不了解原来的典故，自然也无法理解句意。

3. 生活习俗

东西方由于生活环境不同，各国人民在日常生活中的娱乐、消遣、饮食等风俗也存在极大差异。比如说，棒球运动在美国很受欢迎，被喻为美国三大球类运动之一，许多大学和中学都有自己的棒球队。因此，棒球文化已成为美国文化的一个组成部分，由棒球运动也产生出了许多习语。例如，You are way off base .要正确理解这句话的含义，就需要了解棒球运动的规则。简单地讲，比赛分为攻守双方，进攻方的目的是要跑遍各个垒（base）去争取得分，而守方自然就是尽量阻止对方。因此，在垒上的队员越多，对于进攻的一方来讲就越有利。这样本句也就不难理解了，可译为：你做得不好。除此之外，饮食文化上英汉差异也很大，英语中的 brown bread 是黑面包，不是棕色面包；而 brown sugar 是红糖，不是棕糖。而汉语就茶水颜色而言，如红茶，英语则就茶叶颜色而言，说 black tea；白酒绝不等于 white wine（白葡萄酒），而是 liquor 或 alcohol。因此对这些习惯性的表达方式，我们不能以母语的方式想当然地翻译，而是应在平时多加积累，对地道的英语表达方式熟记于心，这样在做翻译工作时就会感到得心应手。

4. 地域文化差异

地域文化指的是由所处地域的自然条件和地理环境所形成的文化，表现在不同民族对同一种现象或事物采用不同的语言形式来表达。比如，中英地域文化的差异在方位及其对应物上，就体现得比较突出。在中国，自古以来便有南面为王，北面为朝的传统。说话也是南在前，北在后。例如，南来北往，从南到北；而英语文化则恰恰相反，英美人从英语地域文化上来理解汉语中的从南到北，自然是 from north to south；西北、西南、东北、东南等方位词，英语也和汉语不同，分别是 northwest，southwest，northeast，southeast 等。在中国人心目中，东风象征着春天，温暖之意，东风报春；而英国的东风则是从欧洲大陆北部吹来的，象征着寒冷，令人不愉快，所以英国人讨厌东风，但喜欢西风，因为它给英伦三岛送去春天，因此有所谓"西风报春"之说。深受中国读者喜欢的英国浪漫主义诗人雪莱有一首脍炙人口的《西风颂》，赞美的就是西风。其中一句 O，wind，if winter comes，can spring be far behind?（啊，西风，假如冬天已经来临，春天还会远吗？）不知激励了多少处于困境中的人们奋发向上，使他们对未来充满了美好的向往和信心。因此，由于地域文化不同，使人们对同一事物会有不同的看法和认识，了解这一点在做中英互译的时候就显得极为重要。

  5. 作者生平和写作风格

  语篇翻译中遇到的困难有时是由于其背景知识造成的。如果不了解作者及其生活道路、创作思想等，翻译作品时就会感到难以准确表达。第十三届韩素音青年翻译奖英译汉参赛原文 On Going Home 就是一篇涉及艰深背景知识的文章。获奖者王祥兵把自己的翻译写成了心得体会，发表在《中国翻译》上。其中作者提到对于原文中 my brother 的翻译，从原文来看根本无法判断是 elder brother 还是 younger brother，因为两者一般在英语中不作区分，而汉语正好相反，要是笼统翻译为"兄弟"也不妥。后来，译者通过查阅原作者另一篇文章 John Wayne：A Love Song 中有这样一段描述：In the summer of 1943 I was eight ，and my father and mother and small brother and I were at Peterson Field in Colorado Springs. 据此，my brother 应该理解为"我弟弟"。可见，要透彻理解一段话，就需要我们掌握与此相关的时间、人物、地点，以帮助我们达到准确翻译的目的。语言和文化是密不可分的，语言反映着文化并且受文化的制约。要作好双语翻译，了解必要文化背景是掌握好一国语言的必然途径。作为译者，需要做的就是掌握尽量广博的知识，平时注意积累。在实际动手时就可以尽量保证译文质量，作到忠实、准确地再现原作的思想内容和精神风貌，尽快成长为一名合格的翻译工作者。

参考文献

1. 王祥兵. 背景知识在语际翻译中的重要作用[J]. 中国翻译，2001（6）：32～35.

2. 柯平. 文化差异和语义的非对应[M]. 武汉：湖北教育出版社，1994.

3. 王宗炎. 辩义为翻译之本[M]. 武汉：湖北教育出版社，1994.

4. 朱光潜. 谈翻译. 翻译研究论文集[M]. 北京：外语教学与研究出版社，1984.

5. 张宁. 英汉习语的文化差异及翻译[J]. 中国翻译，1999（3）：23～25.

关联域角下汉语拟亲属称谓语的翻译

摘要：本文着眼于探究汉语拟亲属称谓语的英译方法。众所周知，汉语拟亲属称谓语具有鲜明的汉民族文化特色，正是这点造成语言交流间的困难。本文从跨文化角度出发，借助关联理论、语用对等原则探讨了翻译该类词语的适用方法：具体化、转换、省略、信息替代以及音译加注。在提出方法的同时，文中列举实例指出亲属称谓语语际翻译最终应达到语用对等的目的，从而实现交际价值。

关键词：关联理论　语用对等　认知环境　拟亲属称谓语

一、引言

根据《现代汉语词典》的解释，"称谓"是指人们由于亲属和别的方面的相互关系，以及由于身份、职业等得来的名称。它既是语言的一个特殊组成部分，又是一种文化现象。可以说，每一种称谓都包含着不同的文化内涵，它是民族内部社会交际的产物，反映该民族的风俗、文化等。我国学者对汉语称谓语的研究由来已久，最早可追溯到《尔雅》。清代学者梁章钜还专门著述一部《称谓录》，近代赵元任所著的《中国人的各种称呼语》也产生了较大的影响。通常说来，称谓可分为亲属称谓语和社交称谓语。亲属称谓语是指以本人为中心确定亲族成员同本人的关系的名称。由于人类的繁衍生息是相通的，各个民族都具有表示家庭成员关系的亲属称谓系统，其负载着极深的文化烙印。拟亲属称谓语是社交称谓的一种，是指用亲属称谓词来称呼一些既无血缘关系又无姻亲关系的人的现象。这种称谓可以使交际双方感到亲近，缩小双方的距离感，达到良好的交际效果。本文拟从跨文化交际的角度，通过分析拟亲属称谓的表现形式和使用原则，探讨关联域角下汉语拟亲属称谓语的翻译策略。

二、汉语拟亲属称谓语的表现形式

汉语亲属称谓语的使用遵循一定的原则，陈松芩先生 1989 年在《礼貌语言初探》中把它归为以下几类：

1. 以辈分为标准选择称呼

这里把辈分根据年龄差异划分为长辈、同辈和晚辈三个级别。属于同辈人可称呼为大哥、大妹子等，属于父辈的称之为大爷、大婶等，属于祖辈的称之为爷爷、奶奶。

2. 以双方是否熟悉为标准

亲属称谓用于缩小距离，使人感到亲切，有时对比较熟悉的人，常常在亲属称谓语前冠以被称呼者的姓或名，如王大妈、孙大哥等。

3. 以交际场合的性质为标准

亲属称谓多用于非正式场合。在正式场合中，对那些可以使用亲属称谓的熟人，我们要回避使用亲属称谓。比如，在学校称一个当老师的邻居，学生宜称对方为老师，而不应称叔叔或者阿姨。

4. 以听话人的社会特征为标准

同样使用亲属称谓，称谓对象的社会身份不同，使用的称谓也要随之变化。对属于父辈年龄的脑力劳动者称呼伯伯、阿姨较为恰当；对工人等体力劳动者称呼大妈、大叔较为妥当。

5. 从儿称谓标准

　　从儿称谓是指从说话人的子女或孙辈去称呼对方。这种称谓方式显然是降低了辈分，但体现了谦逊和尊敬。另外，也许是找不到比这更合适的称谓方法了。

　　在现代汉语口语中，一共有 16 个相对固定使用的汉语拟亲属称谓语。这些称呼会由于社交场合、称呼对象等的不同产生变体。拟亲属称谓语在实际使用中有不同的表现形式，总的来说，主要分两大类：

　　1. 有辈分限制型

　　（1）直接使用对应的亲属称谓语。如：爷爷、奶奶等是孩子们用来称呼长辈的。

　　（2）后置亲属称谓：

　　①姓+亲属称谓：牛哥、张叔叔、王阿姨等。

　　②老/小+姓+亲属称谓：小张叔叔、小赵阿姨、小刘哥、老李大爷等。根据储泽祥的研究，这种称呼在使用时也遵循一定的年龄限制（储泽祥，2003）。

　　③老/大/小+亲属称谓：老爷爷、老奶奶、老伯伯、大妈、大叔、小妹妹等。

　　④名+亲属称谓：宇翔弟、庆林哥、融融姐等，此类称呼经常用于同辈份的非亲属间。

　　2. 无辈分限制型

　　（1）大+亲属称谓：大哥、大嫂、大姐等称呼在集市中经常可以听到。

　　（2）小+亲属称谓：小弟弟、小妹妹、小兄弟等，这种称呼通常是长辈称呼没有亲属关系的小辈。

　　（3）有些口头称呼，如哥儿们、爷儿们等，在日常生活中也经常可以听到。

　　英语中也有亲属称谓的泛化现象，但远没有汉语普遍。在英国中部一些地区的传统家庭中，子女称呼父母的亲近朋友为

Aunt Mary 或 Uncle John；年长的一方可用 son 或 sonny（孩子）来称呼年轻的男性，以表示亲切。又如英语中的 god father（教父）、god mother（教母）、sister（修女）等称谓语，教徒之间以 brother 和 sister 相称，这是因为"所有信徒均为兄弟姐妹"的西方传统宗教教义与中国家族观念恰好相仿的缘故。总的来讲，英语拟亲属称谓语，不论从数量还是程度上讲，都远远不及汉语。

三、关联原则域角下的翻译活动

从以上这些比较我们可以得出结论：英汉拟亲属称谓语在形式用法以及文化内涵上都存在很大的差别，因为不同语言有不同的社交规范、礼貌标准等，这些都受制于特定的社会文化的规约。本文试图借用关联理论以及语用等效原则的启发来解决这一跨文化交际中的翻译难点。

1. 关联翻译理论

关联理论是由施佩贝尔和威尔逊（Dan Sperber & Deirdre Wilson）在格赖斯（Grice）提出的语用学相关原则基础上发展而来的。他们的学生格特（Gutt）在其博士论文中提出了关联翻译理论，为翻译研究提供了又一崭新视角。关联理论从听话人的角度研究话语的理解，将交际看作示意—推理的过程。交际者对听话人/读者的认知环境和交际情景加以评估，并据此通过话语向听话人示意/传达（包括明示和暗示）自己的交际意图；听话人则结合该话语提供的信息和相关的语境信息，在关联原则的指导下进行解码和推理，最终实现对交际者的交际意图的认知。以上论述说明，交际过程不仅仅是单纯的编码—传递—解码过程，而且更重要的是对话语和语境信息的动态推理过程。关联理论有一条重要的原则——关联原则。根据关联原则，听话人在语言交际过程中，从自己的认知环境中筛选出适当的认知假设，通过推理寻找话语与语境之间的最佳关联，企望对话语的理解能以最小的推理努力获得最佳的语境效果，达到成功交际的目的。关联性（最佳关联性）受到推理努力与语境效果的约束，同等条件下，推理努力越小，关联性越强，语境效果越大。格特（Gutt）以关联理论为基础研究翻译，认为翻译也是一种交际行为，研究语言理解和语言表达的过程有理由把翻译看作一种示意—推理性质的交际行为，不同之处仅在于翻译是一种跨文化、跨语言的示意—推理过程或行为。更准确地说，翻译行为包含两个示意—推理过程，涉及两个交际者和两个接受者，其中译者兼有交际者和接受者的双重身份。可以用下图表示整个过程。

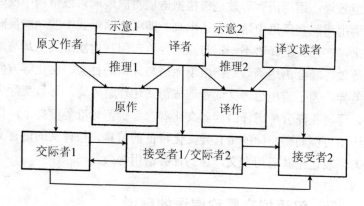

翻译过程示意图

该图说明，翻译活动是一种三元关系（何自然，1996、1997、1993），是原作者、译者和译文读者这三个交际者之间通过原作和译作之间进行的交流活动，它充分考虑原作者、译者和译文读者之间的交流，考虑译文读者的认知语境和阅读反应，考虑译文的交际效果。这种翻译模式对翻译活动的启示是：作为原作者和译文读者之间的桥梁或者说中介的译者的主要任务是保证和促进前两者之间交际的成功。为了保证交际的成功，译者可以采用各种翻译策略（包括直译、意译、音译、替换、加注等）以帮助译文读者找到原文与译文语境之间的最佳关联，达到最佳交际效果。

2. 语用对等翻译原则

在英汉亲属称谓语的翻译中，如果我们不顾英语和汉语之间在规约表达式上的差异，不顾译入语的文化语境和译文读者的认知环境而把原文的一切信息都直译到译文之中，那么必然会导致原文含义的丧失或者传达出原文没有的含义，最终导致译文读者对原作意欲传达的含义不解、异解或曲解。在跨文化交际中，我们可以运用语用等效的原则。根据何自然（1994）的观点，语用等效是指原作和译作在语用语言和社交语用两个层面上所达到的等值效果。语用语言等效是指根据语境将原语词语或结构中反映的语用用意在译语中恰当表达出来，即将原语形式中的功能反映出来，在形式上译语不一定与原语等值，但在内涵意义上却与原语等效。社会语用等效是指由于原语与译语的社会、文化等方面的差异，为了避免给译文读者造成跨文化理解障碍，导致交际失误，译者在充分考虑译语读者文化观念、价值标准等前提下，将原语中可能妨碍交际的带有异文化特征的信息，按译文的语言文化习惯表达出其语用含义，达到社会语用等效。

四、汉语拟亲属称谓语的翻译

因此，在翻译汉语拟亲属称谓语时，我们提倡在遵守关联原则的前提下，即充分考虑译语读者的认知环境的基础上，提供的译文既要符合原作者的意图，达到最大的语境效果（语用等效），又满足译文读者的期盼，减少读者所付出的努力。但是当译文不能两全其美时，译者要遵守关联原则，根据原文的语用因素选择译文的翻译策略，对译文读者理解明示信息和推导暗含意义进行引导与制约，使译文与读者现有的知识背景发生联系。换句话说，译者要考虑译语读者的文化标准与语言规范，将原语语言文化纳入译语语言文化范畴，为译语读者顺利理解原文扫清障碍，实现语用等效的目的。为达此目的，译者可以采用各种翻译方法，具体译法如下：

1. 具体化

（1）大奶奶是个佛爷，也不中用。二姑娘更不中用，亦且不是这屋里的人。四姑娘小呢。（曹雪芹，《红楼梦》）

A. 杨译：Madam Zhu is too saintly to be of any use either. And Ying chun's even worse，apart from the fact that she doesn't be long to our house. Xichun's still too young.

B. 霍译：Mrs. Zhu is such a Holy Buddha，she's no good. Miss Ying's even worse - and anyway she doesn't properly belong to this household. Miss Xi is still childish.

（2）潘月亭：顾八奶奶是天下最多情的女人。

译文：Mrs. Gu，you're the most sentimental woman in the world.

例子中的"奶奶"是中国封建社会家族中对地位较高的妇女的尊称，带有浓厚的传统文化色彩，如果直译为英语中的 grandmother 显然会造成误解。同样，二姑娘、四姑娘等称谓也是汉语中所特有的，中国人向来重视家庭中的长幼有序，而西方家庭中亲属之间常直呼姓名以示关系密切。因此，两个译文中均采用将称谓具体化的译法，用具体的人名来表达富含文化色彩的原语的语用功能，避免了跨文化交际中的障碍，达到社会语用等效，即实现了最佳关联。

2. 省略

根据语境，结合英语表达习惯，有时可以不用称谓。

（1）前边传来的声音又使他一惊："大嫂，这是 10 元钱，你

急需，先拿去吧。""谢谢大兄弟，我不要。"（祝承玉，《钱包》）

译文：He was surprised to hear a man in the front offering help to the woman. "Since you are in urgent need of money，here is a ten -Yuan note for you. Take it please."

（2）这女孩大约五岁，她仰着胖乎乎的小脸，背着手，问范平平："阿姨，你们家有蜡烛吗？"（《无法对视的眼睛》）

译文：Looking up at the new neighbor with her hands behind her back，the five - year- old plump - faced girl asked，"is there a candle in your room？"

大嫂、大兄弟、阿姨等称谓都属于拟亲属称谓语，是中国传统文化尊老爱幼在口头语中的一种表现，如直译为英语会造成误解。因此，译者在充分考虑译文读者认知环境的基础上，尽量以符合译文读者语言习惯的方式来表达，在形式上译语不一定与原语等值，但在内涵意义上却与原语等效，从而实现语用语言等效。

3. 替代

（1）王利发：哥儿们，对不起啊，茶钱先付。明师傅：没错儿，老哥哥。（老舍著，英若诚译，《茶馆》）

译文：Wang Lifa: My friends，I'm sorry to ask you，but please pay in advance.

Chef Ming：We all know that，old man.

（2）二嫂扶住那叫环环的姑娘，一边理顺她的头发抻平她的衣襟，一边柔声劝慰："好闺女，别哭，看我晚点打他给你出气。"（周大新，《香魂女》）

译文：Ersao went over to comfort Huanhuan，smoothing her hair and straightening her blouse. "There，there," she said softly, "don't cry, dear. Later on I'll give him a good hiding for you." (Translated by Paul White)

上面两个例子中称谓语的主要语用功能是体现亲近原则，并非指示功能，因此可以考虑使用具有相同语用功能的英语来替代。英语中的 man 并非亲属称谓，却恰好具备老兄或老朋友的意思；而"好闺女"一词从语境来看，完全可以用表示亲切口气的 dear 来替代。这种翻译方法避免了死译造成的误解，充分考虑了读者的认知环境，实现了语用等效。

4. 音译加注

音译加注是指先以音位为单位在英语译文中保留汉语发音以便突出原文主要语言功能，再通过加注将汉语中所包含的语义关系点明的翻译方法。这种方法在一定程度上保留了某些异国风情，音译不足的地方又通过注解来弥补，从而使读者明白其中的内涵。

（1）那原是郜家营郜二嫂私人开的一座油坊，两年前投资扩建，如今变成了中日合资经营，不过油坊的一应事务仍由郜二嫂主持。二嫂的大名叫银娥，很好听，只是她使用这名字的机会很少，村人多称她二嫂。（周大新，《香魂女》）

译文：It was first opened as a private concern by a woman of the Gao family，known as Ersao. Two years ago it was expanded with an increase of investment，but Ersao was still in charge of all operations. Her given name was really Yin'e （Silver Maid） – a pretty name，but she hardly ever used it and the people of the village called her more familiarly，Ersao (Second Sister-in-law). (translated by Paul White)

由于小说一开始就指明"村人多称她二嫂"，而且小说自始至终都是用"二嫂"来称呼郜二东的妻子银娥，因而在这个语言环境下，二嫂已经成为一种符号标志，"称谓只要叫惯了，就成了名字的一部分，变成一种符号或标记，而年龄、地位等标志作用也就因而减轻，甚至完全失去作用"（孔慧怡，1999：141）。正因为如此，译者没有采用传统的 sister-in-law，而译成了 Ersao，同时通过加注 Second Sister-in-law 让译语读者明白其中人物之间复杂的相互关系。从这部小说整个语言环境考虑，这是一个成功的译法，简洁明了，而且突出了 Ersao 的符号化特征。但这种方法有一定限制，由于称谓本身是比较短的词语，总加注会使译文拖沓，因而只在特殊情况下使用。此种方法同样避免了文化差异可能造成的误解，从而达到了社会语用等效。

5. 变通直译

这种方法是根据语境，厘定人物关系，然后用直译法翻译出来，以传达蕴涵的情感。

（1）陆文婷忙转身迎上双手扶助这盲人，说："张大爷，快坐下吧。""您坐，陆大夫俺找您，说个情况。"（谌容，《人到中年》）

译文：Lu hurried forward to help him. "Sit down, please, Uncle Zhang." "Thank you, Dr. Lu. I want to tell you something."

（2）"看一眼都不行呀？"王小满要哭了。这时，她一扭脸，看见张老汉正扶着他的小孙子走过来，忙扑上去叫道："张大爷，您快跟她说说，她不让进……"（谌容，《人到中年》）

译文：She turned and saw Old Zhang coming, led by his grandson, "Oh please Just one glance." Xiaoman was close to tears. Hearing footsteps behind her, "Grandpa," she rushed to him, "Will you have a word with this aunt She won't let me…"

例子中对同一个汉语拟亲属称谓语采用了不同的方法，主要是根据年龄关系做出的调整。文中的陆文婷四十岁左右，而王小满是个十一二岁的小姑娘。在汉语社会里，如被称呼者是年纪大的人，无论是谁都应该称之为某某大爷或老爷爷，以表示尊重。尽管小说中两人都称张老汉为"张大爷"，但按年龄算，他们是三代人。考虑到年龄差距，为了避免使英文读者产生误解，按年龄换算成"叔叔"后翻译为 Uncle Zhang，从而避免可能出现的误解，实现原文的语用功能，保证交际的成功。

五、结语

汉语拟亲属称谓语具有鲜明的汉民族文化特色，同英语称谓体系存在着差别，在语义上也有很大的不同。在翻译过程中，追求完全的对等是无法实现的。因此，我们提倡翻译此类词语应在充分考虑读者认知环境的基础上，遵守关联原则，采用各种可能的翻译策略，使译文和原文在语用方面达到等效，从而使译文读者能够获取最大的语境效果。

参考文献

1. David Hawkes. *The Story of The Stone* [M]. Penguin Books London，1973.

2. Gutt, Ernst –August. *Translation and Relevance*: *Cognition and Context*[M]. Oxford: Basil Blackwell.

3. Hickey, Leo, ed. *The Pragmatics of Translation*[M]. Shanghai: Shanghai Foreign Language Education Press, 2001.

4. Sperber and Wilson. *Relevance*: *Cognition and Communication* [M]. Oxford：Basil Blackwell.

5. Yang Xianli＆Glady's Yang. *A Dream of Red Mansions*[M]. 长沙：湖南教育出版社，1999.

6. 包惠南，包昂. 中国文化与汉英翻译[M]. 北京：外文出版社，2004.

7. 陈松岑. 礼貌语言初探[M]. 北京：商务印书馆，1989.

8. 谌容. 谌容小说选[M]. 北京：中国文学出版社，外语教学与研究出版社，1999.

9. 储泽祥. "老/小·姓+称谓性指人名词"格式的使用情况考察[J]. 语言文字应用，2003（3）.

10. 锦云. 狗儿爷涅磐[M]. 北京：中国对外翻译出版公司，1999.

11. 孔慧怡. 翻译文学文化[M]. 北京：北京大学出版社，1999.

12. 老舍. 英若诚译. 茶馆[M]. 北京：中国对外翻译出版公司，1996.

13. 林克难. 关联翻译理论简介[J]. 中国翻译，1994（4）.

14. 林书武. 翻译中的语用意义问题——从某些汉语称谓的英译谈起[J]. 中国翻译，1994.

15. 黎昌抱. 英汉亲属称谓词国俗差异研究[J]. 四川外语学院学报，2001（2）.

16. 尹富林. 英汉称谓语的语用功能比较与翻译[J]. 中国翻译，2003（3）.

17. 张新红，何自然. 语用翻译：语用学理论在翻译中的应用[J]. 现代外语，2001（3）.

18. 周大新. 香魂女[M]. 北京：中国文学出版社，外语教学与研究出版社，1999.

19. 周红民. 汉语称谓英译杂议[J]. 西安外国语学院学报，2003（12）.

"文化走出去"战略背景下河北省民俗文化翻译研究

摘要：民俗文化是人类文化的基础核心，在"文化走出去"的进程中，民俗文化的传播是必不可少的一部分。本文在总结河北省民俗文化翻译基本现状和特征的基础上，提出数种较为实际的翻译方法，以期为相关实践提供借鉴。

关键词：文化走出去　民俗　翻译策略

一、引言

"中国文化走出去"是党的十八大提出的提升我国文化软实力的战略目标，是推介中国文化、展示中国传统、增强中国影响力和竞争力的必由之路。翻译是文化交流的桥梁，是文化"走出去"和"引进来"的重要途径。我国政府提倡"文化走出去"的战略，其中翻译无疑是实现这一战略的举足轻重的因素。作为促进社会进步和发展的助推器，翻译对于继承、发展和传播中华文化，有效地进行对外传播，增进中华文化与世界各国不同文化与文明之间的理解、认同和尊重，增加中华文化在世界传播中的影响力、吸引力都将发挥十分重要的作用。作为根植于民众生活中的本质文化，民俗文化是一个民族、一个地区文化观念、价值观念及生活方式的集中体现，通过对其翻译来推广和传播中国文化已经成为共识。河北省是中华文明的发祥地之一，历史源远流长，文物古迹众多，对河北民俗文化资源的开发与宣传，对河北省发展战略的实施具有重要意义。

二、河北省民俗文化翻译研究现状与研究价值

从已有的国内相关研究文献看，大多集中在以下几方面：一是结合相关翻译理论，如目的论、生态翻译视角、功能对等理论等探讨翻译方法；二是"文化走出去"背景下的相关文学文化翻译；三是河北民俗资源现状探讨。与本课题直接相关的探讨民俗翻译的论文数量不多，目前仅见不足 10 篇论文。可见，已有研究缺乏对于河北民俗资源的英译研究，而结合"文化走出去"背景下的相关研究就更为稀少。本文拟在现有研究基础上，将河北民俗翻译纳入中国文化"走出去"的战略背景，对民俗文化的翻译方法进行梳理分析，就其翻译进行理性思考和分析，以期推动河北民俗翻译实践与研究的深入和发展，为河北经济发展提供参考依据。

基于文化"走出去"的短期和长远目标，民俗文化翻译研究主要立足于增进世界各国对河北民俗文化的了解、理解和接受，扩大民俗文化的亲和力与影响力。从文化传播的视角方便外国人了解河北独特的民俗文化，吸引国外旅游者，提升河北文化形象，从而有助于开拓文化市场、打造河北文化品牌。目前民俗文化文本的英译现状不容乐观。无论是对旅游景区进行实地考察，还是翻阅公开出版的旅游指南、宣传画册，或浏览旅游资讯网站等，不难发现其中的英译文本存在诸多问题，总体质量亟待提高。因此，本研究拟以旅游民俗文化翻译为切入点，寻找可以有效指导该类文本翻译实践的理论，探索切实可行的翻译策略和方法以提高翻译质量。民俗文化是人类文化的基础核心，在"文化走出去"的进程中，民俗文化的翻译及传播是必不可少的一部分。本文将

从跨文化的角度,以河北省民俗文化为范例,就民俗文化的翻译、传播策略展开讨论,以期推动河北民俗翻译实践与研究的深入和发展。

三、河北省旅游民俗文化特点

河北省历史悠久,地域广阔,所形成的燕赵风情多姿多彩,省内现存的可挖掘的民俗资源十分丰富,特点鲜明。首先,河北省民俗文化具有明显的地方特色。民俗文化是指民间民众的风俗生活文化的统称,也泛指一个国家、民族、地区集居的民众所创造、共享、传承的风俗生活习惯。它是在普通人民群众的生产生活过程中所形成的一系列物质的、精神的文化现象。"燕赵古称多感慨悲歌之士""英豪燕赵风"这些特点同样见于河北民间艺术、民间体育,例如,歌舞风格落落大方,戏曲、曲艺的唱腔高亢激昂,武术、摔跤风格也更显刚劲粗犷。常山战鼓、唐山地秧歌、沧州落子、任丘大鼓、子位吹歌、永年小曲,不仅在全国具有代表性,在北方地区也是独树一帜。其次,河北省民俗文化具有多样性特点。河北省的民俗旅游资源丰富,既有汉族的习俗,又有回族、蒙古族、满族等少数民族的习俗。从社会民俗看,汉族既有共性的节庆、礼仪,又有地域性的差别,少数民族亦有各自的风尚;从精神民俗方面看,歌、舞、花会、戏曲、曲艺、体育、杂技,种类繁多,其中有些项目还颇享盛名(王玉成、陈美建,2002)。

四、河北省民俗翻译策略

河北省以其悠久的历史、广袤的土地、富饶的物产、特有的环境形成了别具一格的文化身份。在英译民俗文化过程中,译者对此应有充分把握。民俗文化翻译的目的在于让世界了解河北,让河北走向世界，使河北民俗文化走出去；与此同时，保持河北文化固有的个性和特征。因此，在译介民俗文化时，译者应以民俗文化展现给世界为出发点，尽量原汁原味地将其翻译成英文，这对保持华夏文化身份的清晰度有极其重要的意义。在这一原则指导下，本文对河北省民俗翻译策略总结如下：

1. 音译法

汉语文化中特有的事物在英语文化中完全空缺时，可采用音译法将这些具有特殊文化内涵的词语移植到英语文化中去。音译的策略在翻译具有中国特色的专有名词，展现中国灿烂的文化与特色，扩大对外交流等方面起着不可忽视的作用。河北省民俗文化词汇中大多含有地名，因此音译法使用很广泛。例如，无极剪纸是华北平原中部地区（无极县）的汉族传统文化之一，是第一批通过的河北省石家庄市非物质文化遗产。无极剪纸始于古代，盛行于明末清初。每逢节日、婚礼，人们都用剪纸制作灯花、挂彩纸、剪年福（符）、贴窗花的形式，来表达对生活的热爱和感受。无极剪纸造型丰富、题材广泛、生活气息浓郁，其风格受山西和天津杨柳青年画影响，逐步形成独具一格的剪纸艺术。按音译法可翻译为 Wuji Paper Cutting。武强年画是河北省武强县汉族民间工艺品之一，因其产地在河北省武强而得名，是中国汉族特有的一种绘画体裁，具有浓郁的乡土气息和地方特色。武强年画是在原始的耕作方式、佛教思想、传统观念和古老的民族习惯影响下发展起来的民间乡土艺术。按音译法可翻译为 Wuqiang New Year Paintings。这种翻译方法简单明了，可帮助目的语读者迅速了解该文化，但似乎对文化内涵的传递略显不足。

2. 加注法

加注法就是通过注释的形式在译文中补充必要的文化背景知识，以弥补汉英文化的差异，帮助译文读者更好地理解这些具有特殊文化色彩的词语。例如，文安八卦掌，在直译为 Wen'an Eight

Trigrams Palm 之后，还应加上适当的注解：eight combinations of three lines—all solid，all broken，or a combination of solid and broken lines—joined in pairs to form 64 hexagrams，formerly used in divination. 加上这一注释之后，八卦的文化内涵一清二楚，确保了译文读者对词语的透彻理解。

3. 直译法

直译法是补全词义空缺的一种常用方法，它既可以使译文简洁明快，又能保留汉语词语的原汁原味。如安国药市就可以直接翻译成 Anguo Medicine Market；药王庙也可以直接翻译成 Medicine King Temple。直译法强调在不违背译文语言规范的前提下将字面意义直译过来，这样的翻译不仅有利于读者直接体会原文所表达的字面意思，更有利于不同文化之间的交流学习。

4. 图示阐释法

在民俗文化翻译过程中，译者可以采取图示加阐释的方法向读者展示难以说明的事物。如在河北省省级非物质文化遗产名录中公布的民俗"冀南皮影戏"就是一项别具特色的民俗文化。冀南皮影剧目丰富，演唱没有文本，完全靠口传心授方式传承，对白口语化，通俗易懂，有鲜明的地方特色。冀南皮影戏演员一般有七八个人，操纵皮影主要靠一个人，演出时他要同时执两个以上的影人对打，又要随着唱白和伴奏表演各种细微的动作。但这种技艺很难单凭语言描述使得目的语读者完全理解，因此可以用英语翻译 shadow play 加上必要的图示进行说明，使读者更易于理解。

五、结语

民俗文化铭刻中国悠久历史，承载中华传统文化，是中国文化的重要组成部分。在民俗翻译过程中，译者应运用灵活多变的翻译方法，给译文、译文读者、译语文化等以充分的考虑，实现翻译目的。本文立足于当下中国文化"走出去"的战略背景，审视河北省民俗文化翻译，总结了一些切实可行的翻译方法，指出译者应在努力传播中华文化的同时，尽可能多地保持文化身份，从而有助于"走出去"工程的顺利开展。

参考文献

1. 谢天振. 中国文化如何才能真正有效地"走出去"[J]. 东方翻译，2011（5）.

2. 王钟锐. 民俗文化专有词汇翻译方法研究 [J]. 长春理工大学学报，2013（2）.

3. 陈安定. 翻译精要 [M]. 北京：中国青年出版社，2004.

4. 陈宏薇，李亚丹. 新编汉英翻译教程 [M]. 上海：上海外语教育出版社，2004.

5. 金惠康. 跨文化交际翻译续编 [M]. 北京：中国对外翻译出版公司，2003.

目的论视角下政府网站文本英译策略

摘要：翻译目的论认为，翻译行为所要达到的目的决定整个翻译行为的过程，该理论使翻译标准变得多样化且更具灵活性，尤其对于政府网站的应用文体翻译实践及其策略具有一定的指导意义。从目的论出发，本文分别利用编译、摘译、改译等翻译方法，通过列举实例，说明目的论在指导该类文本中的应用，为该类文本翻译提供新的思路。

关键词：目的论　政府网站　翻译

一、引言

在全球信息化迅速发展的今天，以互联网为标志的现代信息传播技术的广泛应用，为对外宣传工作提供了新的手段和途径。各级地方政府也迫切需要加快整合全球的信息资源来发展自己，政府的服务也需要国际化，设立政府门户网站的英文版是其国际化的第一步，也是提升我国政府国际化形象的重要举措之一。

英文网站目标读者主要是国外客商、游客、学生以及其他对中国社会文化感兴趣的人，其目的都是对外介绍、宣传本地的投资环境和社会人文信息，让人们能够了解当地的经济、社会、文化、城市建设等。借助英文网站的平台，政府和城市形象直接进入国际舞台，与世界接轨，提高城市和当地政府的对外开放程度，提高政府公共服务能力，有利于招商引资，推动城市文化、旅游、经济等方面的发展。本文拟从目的论视角出发，探讨目的论在政府英文门户网站翻译中的应用，以期对此类文本翻译提供借鉴。

二、翻译目的论

20 世纪 70 年代后期，非文学文本成为翻译研究的重要考察对象，德国功能翻译学派应运而生。该理论最早可以追溯到凯瑟琳·赖斯（Katharina Reiss）于 1971 年在《翻译批评的可能性与限制》（Possibilities and Limitations in Translation Criticism）中提出的功能翻译理论的雏形，认为"译文所要实现的目的或功能不同于原文的目的或功能，在这种情况下，译者应该根据翻译要求优先考虑译文的功能特征而不是对等原则"（Vermeer，1978：24-26）。赖斯的学生汉斯·弗米尔（Hans Vermeer）试图弥合翻译理论与实践的断裂，进一步摆脱以源语为中心的"等值论"的束缚，他在 1978 年发表的《普通翻译理论框架》（Framework for a General Translation Theory）成为目的论（Skopos Theory）的基础。1984 年，弗米尔在与老师赖斯合著的《普通翻译理论原理》一书中，对该理论的基本框架进行阐述，目的论由此成型。弗米尔认为，翻译研究不能单单依靠语言学，因为翻译并不单单是甚至并不主要是语言过程。他根据行为学理论提出翻译是一种人类有目的的行为活动。翻译时，译者根据客户或委托人的要求，结合翻译的目的和译文读者的特殊情况，从原著所提供的多源信息中进行选择性的翻译。"决定译文面貌的，不是原文面貌，而是翻译目的"（诺德，2005：45-47）。在这一理论框架中，决定翻译目的的最重要的因素是译文预期的接受者，他们有自己的文化背景知识，对译文的期待和交际需求。每一个翻译都指向一定的受众，因此翻译是在"目的语情景中为某种目的以及目的受众而产生的语篇"（田华，2006）。

　　根据目的论，所有翻译遵循的首要法则就是"目的法则"：翻译行为所要达到的目的决定整个翻译行为的过程，即结果决定方法。除了目的法则之外，目的论还有两个法则：连贯性法则（coherence rule）和忠实性法则（fidelity rule）。"连贯性法则指的是译文必须符合语内连贯（intratextual coherence）的标准。所谓语内连贯是指译文必须能让接受者理解，并在目的语文化以及使用译文的交际环境中有意义。忠实性法则是指原文与译文间应该存在语际连贯（intertextual coherence）。语际连贯类似于通常所说的忠实于原文，而忠实的程度和形式则由译文目的和译者对原文的理解决定"（Vermeer，1996：58）。根据目的论，翻译行为要在翻译目的的指导下进行，翻译方法和策略也会受到翻译目的的制约。连贯性法则和忠实性法则从属于目的法则。如果目的法则要求原文与译文的功能不同，那么忠实性法则不再使用。翻译行为的目的决定原文应该是被翻译（translated）、释意（paraphrased），还是被编译（reedited）。这样传统意义上的"信""忠""对等"的翻译原则就要服从于翻译目的或功能了（诺德，2005：45-47）。目的论为一些违反现有翻译标准但实际检验十分成功的翻译实践提供了理论依据，引起人们对一些传统上不提倡，但从译文功能角度来看有时是必须的翻译方法进行重新评估。因此，局部的不重视，删减法和改译法有了合理的理论依据，从而使翻译策略和方法表现出较大的灵活性和可操作性。

　　目的论赋予译者更高的地位和更多的自由，肯定了译者的主体性和创造性。翻译目的决定了译者的具体翻译方法，为适应译文文本功能和译文读者的要求，译者应根据译文的预期功能来决定自己的翻译策略。从目的论的观点可以看出，在翻译过程中，尽管它也谈到了要忠实于原语，但基本上还是一种以读者为中心或者以译语文化为导向的翻译理论，因而对应用文体的翻译实践具有现实意义和积极的指导作用。译者有权根据翻译目的决定原文的哪些内容可以保留，哪些需要调整或修改，翻译策略要取决于目的语读者或听众的需求和期望，也就是说在翻译一些实用类文本时，译者应该结合读者的情况，依原文所提供的信息进行有目的的翻译。下面笔者将从目的论出发，分析讨论政府网站文本的翻译。

三、政府网站文本特征

政府网站是展示政府形象的名片，通过丰富的外宣资源，全面介绍各地自然概况、人文风貌、经济发展和社会环境，为境外人士提供投资、旅游、文化、学习等在华的服务信息，其主要内容包括新闻报道、对外宣传、企事业简介等。纽马克将语篇类型划分为表情类（expressive）、信息类（informative）和呼唤鼓动类（vocative）（Newmark，2002：68）。政府网站的文本类型大多属于信息类或呼唤鼓动类语篇，面向各界人士，以传达信息和施加影响为主，偏重实用性和交际目的。如新闻报道翻译的预期译文功能是在译语语境中，让外国读者正确理解原文内容和相关信息，因此应以提供实质信息为主，用外国人熟悉并乐见的语言表达形式遣词造句、组篇行文，必要时使用删减、改写等调整手段。企事业简介和广告以及旅游宣传等起着宣传介绍功能的文本，预期译文功能是在译语语境中使译文读者对产品及服务留下深刻的印象，为了达到在英文读者中宣传的作用，需要对原文作一定的调整，因此翻译时要以信息和事实的传达为中心，以目的语读者的需求和译语相应体裁的行文特点为依托，发挥译者的主体性，对那些写作较粗糙、不够严谨的原文结构和内容进行改译，更好移译原文信息。

四、目的论与政府网站文本翻译

目的论认为，翻译策略的选择必须依赖翻译的目的，即一切翻译行为所要达到的目的决定整个翻译行为的过程。因此，译者在进行政府网站文本翻译时需要考虑以下几个因素：原文文本功能、译语读者的接受能力以及译语的文化。政府网站的文本翻译策略主要有以下几种。

1. 编译

编译是一种特殊的翻译形式，其过程包括"编辑"和"翻译"。具体来说，它是编译者紧扣原作的主题思想，从原作中选出最有价值的内容，或重组，或对文字进行加工润色，遵循篇章构建的一般规律组织行文，再按照翻译的一般原则，将其译成目的语的过程（刘驰，2011）。

例1：前门大街是北京著名商业街，位于京城中轴线，北起正阳门箭楼，南至天坛路，与天桥南大街相连……

明代前门大街是正东坊和正西坊的分界线，以街中心分界，东属正东坊，西属正西坊。又因正阳门是京师正门，故前门大街一带比其他城门宽。

在城市建制中，明北京城突破了元代所遵循的"前朝后市"的定制，正阳门周围以及南至鲜鱼口、廊坊胡同一带，形成了大商业区。清代大街两侧陆续形成了许多专业集市，如鲜鱼市、瓜子市等。前门外正街的店铺创立时间大部分晚于里街的店铺，路东有全聚德烤鸭店、正明斋饽饽铺等。路西及西里街有永增和钱庄、壹条龙羊肉馆等。清末，前门大街已有夜市。光绪二十七年（1901）后，在前门箭楼东、西两侧设立了前门火车站东站、西站，前门大街成为北京同外省联系的交通枢纽。

译文：Qianmen Street is a well-known commercial street in Beijing. Located in the axis of Beijing, Qianmen Street goes from Zhengyangmen Embrasured Watchtower in the north and stretches to Tiantan (Temple of Heaven). Road in the south，which connects with Tianqiao South Street. With the urban development and building projects during the Ming and Qing dynasties，many bazaars and guild halls converged in Qianmen Street，which gradually made it evolve into a major business district focusing on shopping and entertainment. At the same time, Quanjude Peking Roast Duck-Since 1864, Bianyifang Roast Duck Restaurant，Ruifuxiang Silk-Since 1862, Tongrentang Chinese Medicine-Since 1669 and other brand shops also opened outlets here, and a century-old cultural circle has emerged as a result. In comparison with Wangfujing Pedestrian Street, Qianmen Pedestrian Street gives more prominence to the original flavor of Beijing. Qianmen Pedestrian Street consists of many functional areas such as Beijing's Culture，Domestic and Foreign Cuisines, Brand Shopping，Leisure & Fitness and so on. Nowadays, over 80 of China's Time-honored Brands along the street unfold the far-reaching cultural deposits and characteristics of historic heritages of the Qianmen Area.

案例中文旅游宣传出自首都之窗——北京市政务门户网站的旅游版块，英文译文出自相应的英文网站。旅游翻译是一种大众读物，旅游景介中涉及过多的文化传统信息只会令没有相应文化背景的外国旅客兴趣索然。中英文的旅游宣传资料由于语言文化背景不同，实现其预期功能的手段和方式也不同。汉语文本中的内容涉及较为深厚的文化背景知识，对于没有相应文化知识背景的英语国家人士意义不大，其功能可能在译语中成为多余的东西，甚至起干扰作用。译文中对这些不利于实现译文预期功能的内容进行了删减和整合。上述原文的英译文对第一段汉语进行了全译，对下面的汉语，编译稿保留了主要信息，删除了具体的地名和商店名，对前门大街的商业经营范围进行了模糊处理，同时按照英语旅游文本的规范对结尾汉语信息进行了编辑，简要叙述了该景点的历史，突出了文化价值，并在结尾通过增加同北京著名王府井商业大街的比较，添加了必要的文化注释，更好地进行了跨文化交流。

2. 摘译

摘译就是译者摘取一些认为重要的，或者说传达了重要信息的段落或内容作为翻译对象进行翻译（王涛，2000）。摘译需要译者根据所需从原文中抽取内容后将其翻译出来。其主要形式有两种：一种是摘取新闻中读者感兴趣的段落翻译，另一种是抽取原信息中重要的内容进行翻译，然后组织行文构成一则完整的消息。

例2：6月25日，香港苏浙沪各界人士举行庆祝香港回归15周年庆典。省委副书记李强率浙江省代表团出席并致辞。中央政府驻港联络办副主任黎桂康，外交部驻港特派员公署副特派员洪小勇，香港特别行政区政府民政事务局局长曾德成，省政协副主席、省委统战部部长汤黎路等出席。李强对庆祝活动的举行表示祝贺……他说，香港回归祖国15年来，经济地位随着祖国的日益强大而不断提升，继续保持着自由港和国际金融、贸易和航运中心的地位。今天的香港，社会和谐稳定……希望各位乡贤继续发扬爱国爱港爱乡的优良传统，坚持"一国两制"……坚决贯彻执行中央关于支持香港发展……全力支持特区行政长官和特区政府依法施政，携手共创内地与香港科学发展、共同繁荣的美好未来。

译文：On June 25，people from all walks of life from Jiangsu，Zhejiang and Shanghai in Hong Kong celebrated the 15th anniversary of the establishment of the Hong Kong Special Administrative Region （SAR） of China. Li Qiang，deputy secretary of the CPC Zhejiang Provincial Committee，led the Zhejiang delegation to the anniversary ceremony and gave a speech. Also present at the ceremony were Li Guikang，deputy director of the Liaison Office of the Central People's Government in Hong Kong，Hong Xiaoyong，deputy commissioner of the Office of the Commissioner of the Ministry of Foreign Affairs of the People's Republic of China in the Hong Kong SAR，Zeng Decheng，chief director of the Home Affairs Office of the Hong Kong SAR and Tang Lilu，vice chairman of Zhejiang Provincial Committee of the Chinese People's Political Consultative Conference（CPPCC）and minister of the United Front Work Department of the CPC Zhejiang Provincial Committee

案例中文原文出自浙江省政府网站的一则新闻。英文原文则是英文网站的相应报道。对比之后可以看出，英译文仅摘取出席会议领导名单进行了翻译，而省去了对外国读者意义不大的政策性发言。从预期功能出发，译文对原文进行了摘译，删去了对译文不必要的信息，而着重从真正对读者有意义的信息入手进行译文的重新整合，以突出主要信息，在表现内容和形式上均照顾到英语此类语篇的习惯模式，更有利于译文预期功能的实现。

3. 改译

改译是为达到预期目的在翻译时对原文内容作一定程度的改变或在形式上作重大调整，以适应译入语国家或读者的政治语境、文化背景或技术规范，其目的是为了符合特定的接受者。一般来说，内容的改变是改动或删除某些内容，代之更适合读者喜闻乐见的内容。

例 3：蒙牛乳业集团成立于 1999 年 1 月份，总部设在内蒙古呼和浩特市和林格尔县盛乐经济园区，总资产达 76 亿元，职工 3 万人，乳制品生产能力达 400 万吨/年。蒙牛集团在全国 15 个省市区建立生产基地 20 多个，拥有液态奶、冰淇淋、奶品三大系列 200 多个品项，产品以其优良的品质荣获"中国名牌""中国驰名商标""国家免检"和"消费者综合满意度第一"等荣誉称号，产品覆盖国内市场，并出口到美国、加拿大、蒙古、东南亚等国家和地区……蒙牛集团正按照既定目标，为"打造国际一流民族品牌，建设世界乳业中心，确保在 2010 年跻身世界乳业 20 强"而努力奋斗!

企事业简介属于呼唤鼓动类语篇，目的在于宣传企业形象，推销产品，它必须发挥强大的诱导功能去煽情和诱说。由于汉英语言存在文化上的差异，这类文本的表达形式也不尽相同。中文企业简介平铺直叙，习惯使用较为夸张的描述性语言，而英文企业简介表达客观具体，简洁精练，信息明确（陈小慰，2006：78）。因此，在翻译这类文本时，译者必须根据英语的表达习惯对原文内容进行调整，使译文意图明确，语言表达切题，易于译文读者接受。

译文：Meng Niu Dairy was established in 1999，with a total asset of RMB 7.6 billion. Seeing its Head office in Inner Mongolia and more than 20 production bases in 15 provinces and cities in China，Meng Niu Dairy has a production capacity of 4 million tons a year with a staff of 30, 000.The company produces three serie of dairy in 200 specification including liquid milk，ice cream，milk powder，milk table, etc., which entitles it to many honorable titles granted by central government. It is the leading company in domestic market. Its products have been exported to countries and regions such as American, Canada, Mongolia，Southeast Asia and China's

Hongkong and Macao.Meng Niu Dairy is now striving hard in confidence and well on the way toward a global-market-oriented enterprise group in marketing and product series.

　　翻译企业简介时，应做到使译文有效传递原文实质信息，易于读者理解和接受。为了突出语篇呼唤鼓动的功能，常常可以对原文语言形式做更大的更改和变动，对篇幅进行调整甚至压缩以此使译文达到较好的宣传效果。上面的译文对原文结构进行了调整，原文为一个整体段落，英译文调整为三小段。第一段集中介绍企业规模，第二段专注于产品本身，最后一段则是企业的奋斗目标。调整后的译文结构具有更强的逻辑性和可读性。同时，译文省略了荣誉称号的翻译，中文结尾的口号被改写为更通俗且符合实际的内容，关注的重点是读者层和译文效果，按目的论原则，译文恰当地译出了实质性内容，这种更改和调整是可行的，符合译文读者的阅读期待。

五、结语

　　目的论的核心是翻译目的决定一切。在这一框架下，政府网站文本的翻译策略、翻译方法，以及对原作形式与内容的取舍都应为其翻译目的服务。译者的目的是为了让外国友人进一步了解中国，使越来越多的外国朋友来到中国，认识中国，了解中国。从这个目的出发，译者应从译文读者的角度，在与原文的功能相似、效果相同的基础上，充分考虑目的语的文化内涵，采用不同的翻译策略，即编译、摘译、改译等对原文进行适当的文化转换，更好地再现政府网站文本的功能，切实为准确宣传我国各级政府、塑造政府形象以及对外文化交流服务。

参考文献

1. Newmark, Peter. *Approaches to Translation*[M]. Shanghai Foreign Language Education Press, 2002.

2. Vermeer, H. J. *A Framework for a General Theory of Translating*[M]. Heidelberg: Heidelberg University, 1978.

3. Vermeer, H. J. *A Skopos Theory of Translation*（*Some Arguments for and against*）[M]. Heidelberg: Heidelberg University, 1996.

4. 陈小慰. 新编实用翻译教程[M]. 北京：经济科学出版社，2006.

5. 贾文波. 应用翻译功能论[M]. 北京：中国对外翻译出版公司，2004.

6. 刘驰. 目的论在广告翻译中的应用[J]. 山东外语教学，2011（3）.

7. 诺德. 张美芳，王克非译. 译有所为——功能翻译理论阐释[M]. 北京：外语教学与研究出版社，2005.

8. 田华. 目的、委托与翻译行为——读汉斯·费米尔的《翻译行动中的目的与委托》[J]. 沈阳大学学报，2006（2）.

9. 王涛. 编译标准初探[J]. 上海科技翻译，2000（4）.

10. 俞建村. 论新闻报道的翻译特点[J]. 上海科技翻译，2001（3）.

11. 仲伟合，钟钰. 德国功能派翻译理论[J]. 中国翻译，1999（3）.

顺应论视角下看《卧虎藏龙》的字幕翻译

摘要：本文以李安导演的电影《卧虎藏龙》作为案例，在维索尔伦的顺应论基础上提出了动态顺应论在字幕翻译中的作用。结合电影字幕在时空上的技术限制，作者通过对电影《卧虎藏龙》字幕翻译的分析，从相互关联的三种语境，即语言语境、文化语境和情景语境着手，详尽分析了英汉语分别在这三种语境上的动态顺应，并尝试归纳了语境顺应视角的翻译策略和方法。

关键词：电影字幕翻译　顺应论　语境动态顺应　翻译策略　《卧虎藏龙》

一、引言

随着我国与其他国家跨文化交流的日益频繁，电影作为人类文化的一个载体，一门综合性、国际性的艺术形式，呈现出蓬勃发展的态势。作为电影译介中不可或缺的字幕翻译，在跨文化交流中发挥着举足轻重的作用。字幕翻译作为一种特殊的语言转换类型，是一个新兴的翻译领域，旨在帮助目的语观众最大限度地欣赏电影内容，加深其对影片涉及的文化因素的理解。电影对白具有即时性和空间性的特点，字幕的更替必须既满足目的语观众的理解要求，又与画面的切换匹配。字幕翻译在语言的逻辑性、艺术性、感染力等方面都有很高的要求，具有更高的通俗性和广泛性。由于在时间停留和空间安排上都受到限制，因此，采用一定的翻译策略和方法，处理好电影对白与目的语字幕之间的关系，在很大程度上决定了影片在目的语观众中的接受度。

二、电影《卧虎藏龙》

《卧虎藏龙》是华人导演李安执导的一部以普通话为原语的电影。影片于 2001 年北美上映时，凭借高达一亿美元的票房成绩，成为美国电影史上最卖座的外语片。"这是一部打破了地心引力规则的瑰丽诗篇"。纽约《时代》杂志给予电影极高的评价，杂志超过一百位影评家把它作为当年最好的电影。的确，这部改编自王度庐小说的电影，通过才华横溢的导演李安为西方人展现了真正的中国元素，充满了中国风情。从影片的拍摄手法到人物之间的爱恨情仇，从影片对武功招式写意般的诠释到一气呵成的紧张情节，无一不展现了一个对中国传统文化深深着迷的李安内心所深埋的武侠情怀，带给观众一个最浓郁的武侠中国。该片瞬时在西方掀起了一股中国武侠文化之风潮，直至在奥斯卡金像奖上斩获最佳外语片的殊荣，将中国武侠类电影一举推至顶峰。本片曾获多项荣誉：第 73 届奥斯卡最佳外语片等 4 项大奖；第 54 届英国电影学院将最佳外语片等 4 项大奖；第 37 届台湾电影金马奖最佳剧情片等 6 项大奖；第 20 届香港电影金像奖最佳影片等 9 项大奖。2001 年《卧虎藏龙》获奥斯卡 11 项提名，最终斩获最佳外语片奖、最佳原创音乐奖、最佳摄影奖、最佳艺术指导奖。影片被译成了多种语言，如德语、法语、日语和意大利语等。

《卧虎藏龙》把一部武打片作了一次新的演绎，其实本片的角色并不多，但每个人的角色塑造却入木三分，无论是主角还是配角，导演的把控以及演员的领悟真正达到水乳交融的境界。影片中的故事线索不同于一般的武侠作品，主人公李慕白、俞秀莲、玉娇龙以及罗小虎的个人情感和江湖恩怨都被处理得有条不紊，江湖与人生的主题与情节融合得不着痕迹。李慕白的修为高深、重情重义，俞秀莲的恪守妇道、外柔内刚，以及玉娇龙的任性蛮横、内心对自由的无比向往都被诠释得自然到位。《卧虎藏龙》没有一般武侠片笑傲江湖的豪气，取而代之的是寻找江湖人文内涵的一种深沉思索与含蓄，通过武侠与江湖承载了李安深刻广博的文化人文关怀。该片之所以能在海外取得如此辉煌的成就，除了传奇的故事情节、蕴含丰富中国传统文化内涵的视觉效果、紧凑的剧情、美轮美奂的电影画面、优美动人的电影配乐之外，地道的翻译也是功不可没的。对照中文对白可以看出，本片英文字幕翻译自然贴切，表达言简意赅，充分关注观众的需求和感受，使西方观众能够从电影欣赏中得到完整的愉悦和享受。本文以影片《卧虎藏龙》为例，从相互关联的三种语境，即语言语境、文化语境和情景语境着手，详尽分析了英汉两种语言在这三种语境上的动态顺应，并尝试归纳了语境顺应视角的翻译策略和方法。

三、顺应论与翻译

维索尔伦在 20 世纪 90 年代提出了语言顺应论，他认为使用语言就是进行语言选择的过程。他从一个全新的角度看待语言的产生和理解，并试图囊括认知、社会和文化等因素。他强调：语言的使用是一个基于语言内部或外部原因在不同的意识程度下为适应交际需要而不断做出选择的过程。人们之所以能在语言使用中不断进行语言选择是因为语言具有三个特性：变异性、商讨性和顺应性，这些特性是人类自然语言的基本属性，它们使人类能动态地使用语言。这三个属性是不可分的。变异性指语言具有一系列可供选择的可能性，商讨性是指在高度灵活的语用原则和语用策略的基础上完成的语言选择，这两个特征自然地导致语言具备另一特征——顺应性。顺应性是指语言使用者从可供选择的不同语言项目中做出灵活选择以满足交际需要的行为过程。顺应性是语言使用的核心，语言使用过程中的选择必须顺应交际语境和交际对象，才能使交际顺利进行，实现交际目的。翻译是许多语言活动中的一种，它是用一种语言形式把另一种语言形式里的内容重新表现出来的语言实践活动。它是源语和目的语之间的转换，是语言使用的过程，因此，也是一个不断选择顺应的过程，即动态的顺应过程。翻译过程中的顺应是指在使用目的语文化阐释源语文化的过程中，译者使自己的翻译活动及思维运作顺应于源语文化和目的语文化双方的认知环境。

四、《卧虎藏龙》字幕翻译中的顺应

通过对《卧虎藏龙》字幕翻译的分析，我们发现了三种语境上的动态顺应，即语言语境、文化语境和情景语境。

1. 语言语境的顺应

（1）词汇顺应

词汇顺应是指由于英汉两种语言在词汇层面的不对等造成翻译过程中的词语空缺而进行的字幕调整。在《卧虎藏龙》中就有很多中国文化中特有的词汇。例如：

九门提督府玉大人到。

Governor Yu has arrived.

贝勒爷：玉大人整治京城。

Sir Te:　Proceed with cautionin your request for law and order.

不能只眼看着朝廷。

Don't depend only on the court.

江湖上也要有所联络。

Contacts in the Giang Hu underworld.

九门提督才坐得稳。

Can ensure your position.

　　九门提督是清朝时期的驻京武官，主要负责北京内城九座城门（正阳门、崇文门、宣武门、安定门、德胜门、东直门、西直门、朝阳门、阜成门）内外的守卫和门禁。这一文化信息内涵在字幕翻译中被省略了，否则西方读者会很难理解其中的含义。译者将字幕概括地翻译为 Governor，便于理解。

（2）句法结构顺应

句法结构顺应是指在目的语字幕中灵活调整句子结构，以适应目的语的表达习惯。汉语句式松散，没有严格语法规律，翻译成英语则需要添加相应的连接手段，以明晰其中的逻辑关系。例如：

秀莲：写书的不那么写。

Writers wouldn't sell many books.

书就没法卖了。

If they told how it really is.

我看你就像书里的人。

But you 're just like the characters in the stories.

在以上例子中，译者增加了 if、but 等连词，顺应了英语句子的表达习惯。

2. 文化语境的顺应

这类顺应主要体现在对汉语文化特有表达和用法在英语译文中的调整。

（1）成语的顺应

对你，我已仁至义尽了。

I owe you nothing.

仁至义尽在字典中的对应翻译是 do everything called for humanity and duty；do what is humanity possible to help。这一表达比较适合于书面语，而非口语。在这里，译者灵活地采用双重否定形式表达含义，因此取得的效果就语境来讲更有力而充分。

（2）社交习俗的顺应

在下"冀东铁鹰爪"宋明。

I'm Iron Eagle Sung.

原本是我恩兄李慕白的。

My friend Li Mu Bai.

中西方由于不同的文化背景形成不同社会习俗。在社交的称谓上，年龄和社会地位不同，称谓差别很大。"在下"是自我称谓的一种谦虚表达方式，而这一社会规约并不适用于强调平等观念的西方社会，因此译者进行了变通的表达。"恩兄"体现了称呼上的尊重，汉语中，可以用亲属称谓来称呼非亲属的习俗并不适用于英语，转换为 my friend，对西方读者更易理解。

3. 情景语境的顺应

情景语境的顺应是指根据译文读者的认知环境对原文信息进行调整。

玉夫人：你爹这回调到伊犁。

Madam Yu：　Can't your father be appointed.

还是出不了新疆。

Closer to civilization.

这个例子对原文的地理名称"伊犁""新疆"在译文中进行了顺应性的调整。这两个地名对西方读者是陌生的，明晰化的翻译只会使对话的含义模糊。译者采用 civilization，概括了两个地名的隐含意义。

电影译制工作不仅是翻译，它更是一门语言艺术，是一种艺术创造形式，在中国电影走向世界，与西方文化交流过程中发挥着不可或缺的作用。从《卧虎藏龙》的成功我们可以看出，中国文化以一种普及的方式被西方观众所接受。这是一个窗口，一个通道，一个理解、欣赏中国文化的桥梁。《卧虎藏龙》将东方文化悠远绵长的历史和博大精深的丰富内涵用一种西方人能够理解的方式表达出来，无疑是影片成功的重要原因。它表明中国电影的对外译介有着相当大的发展潜力。在今后的电影字幕制作中，我们完全可以借鉴《卧虎藏龙》等成功的电影字幕翻译的经验和方法，借助相关理论的指导，不断改进电影字幕的翻译质量，提升中国影片在国际影坛的形象，推动中国电影事业的国际化发展。

五、结论

本文以维索尔伦的顺应理论为基础，对电影《卧虎藏龙》字幕的翻译进行了描述性和解释性的分析，从所分析的实例可以看出，顺应论对进行灵活的字幕翻译起着积极的指导作用，这对今后的对外宣传以及文化交流等均有一定的借鉴意义。

参考文献

1. Verschueren, J. *Understanding Pragmatics* [M]. Beijing: Foreign Language Teaching and Research Press, Edward Arnold (Publishers) Limited, 2000.

2. 何兆熊. 语用学概要[M]. 上海：上海外语教育出版社，1989.

3. 李运兴. 字幕翻译的策略[J]. 中国翻译，2001（2）.

4. 刘宓庆. 当代翻译理论[M]. 北京：中国对外翻译出版公司，1999.

5. 王建国. 从语用顺应论的角度看翻译策略与方法[J]. 外语研究，2005（4）.

从关联理论视角看《当幸福来敲门》的字幕翻译

摘要： 本文在对关联理论进行简要概述的基础上，对美国电影《当幸福来敲门》的字幕进行了分析，从关联理论的视角探讨了该理论对电影字幕翻译的指导，同时总结字幕翻译的基本策略，以期为翻译工作提供借鉴。

关键词： 电影字幕翻译　关联理论　翻译策略

一、引言

美国电影《当幸福来敲门》取材于真实故事。故事主角就是当今美国黑人投资专家克里斯·加德纳（Chris Gardner）。影片成功诠释出一位濒临破产、老婆离家的落魄业务员，如何努力地善尽单亲责任，奋发向上成为股市交易员，最后成为知名的金融投资家的励志故事。影片获得 2007 年奥斯卡金像奖、最佳男主角的提名。这部传记片以仅 550 万美元的成本，令人惊讶地挺进了 2006 年北美票房榜的前 10 名，而在海外市场，本片也大有王者风范，以 3.07 亿美元的总票房位居全球票房榜第 13 位。影片平易近人，传递着乐观坚强的信念，从形式到内容都深深震撼了亿万观众。片中的中英文字幕也贴切地传达出当时语境下的信息，使海外观众感受到原文编剧的意图。笔者将选取片中几个英文对白片段，从关联理论的角度，探讨其对字幕翻译的指导作用。

二、关联理论翻译观

关联理论是 20 世纪 80 年代在语言学领域兴起的关于语言交际的解释理论。关联理论把话语的理解看作明示和推理两个方面的认知过程，是一个涉及信息意图和交际意图的明示—推理过程。所谓明示，是指说话人把信息意图明白地展示出来的过程；而所谓推理，则指听话人根据说话人的明示行为，结合语境假设，求得语境效果并获取说话人的交际意图的过程。关联理论有两大基本原则，即认知原则和交际原则。认知原则认为，人类认知倾向于与"最大关联"相吻合，因为人类的认知往往力求以最小的心理投入获取最大的认知效果。交际原则认为，每一个明示的交际行为都应设想为它本身具有"最佳关联"，其关联的程度取决于话语所具有的语境效果和处理话语时所付出的努力。因此，语境效果是衡量关联性的一个必要条件，二者之间成正比关系，即在同等条件下语境效果越大，关联性就越强。

关联理论把翻译看作一个认知推理的交际过程，译者既要利用自己认知语境中的各种信息知识，从原文的形式到内容推导出隐于原文明示信息后的暗含意义，找到最佳关联而获取相应的语境效果，又要以目的语读者认知能力和期待为准则，对译文进行最佳关联性取舍，在译文中为读者提供最佳语境效果。成功的翻译应该让目的语读者，用最小的努力，取得最大的语境效果，获得最恰当的理解。

三、字幕翻译

随着互联网的发展，越来越多的欧美电影和影视剧涌入国门，字幕翻译的重要性随之日益凸显。字幕翻译较之文学翻译，在语言表达逻辑性、艺术性及感染力等方面都有更高的要求，受时间与空间因素的制约，它是一种即时性、现场性的语言交际行为。由于对白转瞬即逝，翻译应简洁明了，通顺流畅，使观众能在有限的时间内，享受视听效果，领略到异域文化。因此，译者必须把字幕安排到正确的时间、恰当的地点，利用各种翻译策略，提供译文的最佳语境效果。在此过程中，译者需要对源语语言形式和内容加以取舍，力求保持影片的艺术类型和人物风格，并充分考虑到目的语观众的认知能力，在最佳关联原则的指导下，引导观众以最小的努力获得最大的语境效果。

四、翻译策略

通过对《当幸福来敲门》的字幕翻译进行分析，在关联理论的框架下，我们总结了以下翻译策略，即归化法、压缩法和改译法。

1. 归化法

归化法是指译者向目的语文化靠拢，以观众的认知环境为导向，采用他们所习惯的表达方式，理解影片的对白。电影应贴近大众的欣赏水平，字幕应避免使用陌生的语言表达。归化法有利于拉近影片与观众的距离，从中获得最大语境效果，使电影被更多观众所喜欢。

例 1：And the Y?The Y. We talked about this.

It's an I in "happiness". There is no Y in "happiness". It's an I.

译文：我提过的，幸福的"幸"写错了。

这里写成了辛苦的"辛"。

评析：这一幕发生在电影主角克里斯和一位清洁工有关墙上happiness 一词拼写的对话中。幸福是贯穿影片的主题，译文巧妙地利用归化策略突破了语言障碍，将英语字母 Y 译为毫无关联的

"辛"字，既能回应主题，又帮助观众理解影片内涵，使得他们以最小的努力获得了最大语境效果。

例 2：Don't ever let somebody tell you you can't do something. People can't do something themselves they wanna tell you you can't do it.

译文：别让别人告诉你你成不了才。

那些一事无成的人想告诉你你也成不了大器。

评析：这是克里斯鼓励儿子时说的一段话。字幕选用了较为地道的中式表达，而没有将 you can't do something 直译为"你干不成什么事情"。该译文更能反映出语境的暗含意义，便于观众理解。

2. 压缩法

受时间和空间的制约，字幕译者要在对信息接受者的认知能力进行准确判断的基础上，对无关紧要甚至毫不相关的信息可进行删减节略，以凸显相关性更强的信息。因此，适当的压缩删减是必要的。根据语境，可以压缩掉语义重复冗长的信息或是与故事发展关系不大的文化信息。

例 3：Wayne: Moons hits a three-pointer at 17 seconds left.

Chris: Wayne，Wayne，Wayne. I can't talk to you about numbers right now.

Wayne: What's your problem with numbers?

译文：韦恩：还有 17 秒结束时，投了个三分。

克里斯：韦恩，韦恩，韦恩。现在不能和你谈数字。

韦恩：为什么？

评析：这一幕发生时，克里斯正在着急四处找笔记下电话号码，而他的朋友韦恩却在身边谈论一场与此无关的篮球赛。对话中提到的 Moons 是美国一支篮球队，与剧情发展无关，省略掉便于理解。后一句翻译结合当时的情景，做了简化处理，节省了空间，又不妨碍理解。

例 4：Chris: Don't talk to me like that，Linda.I'm gonna go down and see about this, and I'm gonna do it during the day.

Linda: You should probably do your sales calls.

Chris: I don't need you to tell me about my sales calls, Linda.

译文：克里斯：别用这种口气对我说话，琳达。我去看看情况，利用白天的时间。

琳达：嗯，你该打电话推销才对。

克里斯：还要你来告诉我，琳达。

评析：这是克里斯和妻子琳达争吵时的一幕。由于电影对白速度较快，有时画面显示时间有限，因此删除重复的部分并未损失语境含义，还使对话显得更加生动、有力。

3. 改译法

语言交际中双方不但要了解对方的明说，更要互明对方的暗含，这样才能了解对方的交际意图，实现交际目的。字幕译者应从内容中推导出的暗含意义转化为明示意义，可以根据语境选择最便于观众理解的表达，从而实现最佳关联。

例 5：Christopher: That's a basketball.

Chris: Hey，hey. What do you mean? You don't know that that's a basketball. This could be an ant farm. This could be a microscope or anything.

Christopher: No，it's not.

Chris: There，there. All right，come on. Open him up. Open him up.

译文：克里斯多夫：是个篮球！

克里斯：谁说这是篮球啊？有可能是"蚂蚁农场"，也可能是显微镜或别的什么。

克里斯多夫：不，不是的。

克里斯：拿不到了吧。是个篮球！嗨，什么意思？好吧，快打开吧。

评析：这是克里斯送给儿子礼物时的一段对话。如果直译显得比较生硬，无法确切表达其内涵，改译使得对话含义更加明晰，也使观众获得最大语境效果。

五、结语

电影字幕翻译是一种富有创造性的艺术工作，在文化交流日渐深入的今天，它发挥着不可或缺的作用。本文以关联理论为基础，对电影《当幸福来敲门》的字幕翻译进行分析，从所析例子可知，成功的翻译应该让目的语观众用最小的努力，取得最大的语境效果并获得最恰当的理解。在此框架内，译者应采用灵活多变的翻译策略，如归化法、压缩法、改译法来实现最佳效果。关联理论对字幕翻译起着积极的指导作用，这对今后的对外宣传以及文化交流等均有一定的借鉴意义。

参考文献

1. 李运兴. 字幕翻译的策略[J]. 中国翻译，2001（7）.

2. 刘小丽. 关联理论视角下的字幕翻译——以《赤壁》英语字幕为个案研究[J]. 吉林广播电视大学学报，2009（2）.

3. 王荣. 从关联理论看字幕翻译策略——《乱世佳人》字幕翻译的个案分析[J]. 北京第二外国语学院学报，2007（2）.

4. 赵宁. 试析电影字幕限制因素及翻译策略[J]. 中国民航学院学报，2005（10）.

原型范畴理论视域下诗词模糊数字的翻译

摘要：本文探讨了原型范畴理论视域下诗词模糊数字的翻译，指出原型范畴理论为研究模糊语言问题提供一种认知层面的理论依据。在详尽介绍原型范畴理论及其框架下的翻译等值观后，文章将诗词中模糊数字翻译方法区分为三类并举例分析，从而揭示了该理论对模糊数字在英译中的建构作用。

关键词：原型范畴理论　模糊数字　翻译

一、引言

模糊性作为人类语言的一种客观属性普遍存在于各语言之中。语言的模糊性使得语言具有暗示、蕴涵、间接、音乐等特性，从而体现较高的审美价值。这在我国文学艺术的瑰宝——诗词中体现得最为充分。五千年中华文化源远流长，诗词作为文化形式的一种载体，语言凝练、情感丰富、意境优美。对于诗词文学美的表现可感知但又无法计量，所以语言的模糊性在诗词艺术中用来传情达意是必然的选择。诗词高度简练的语言、不规则的语法运用以及对于同一意象的不同阐释使其在不同层次上体现了模糊现象，表达着复杂的情感。与精确的语言相比，模糊语言在诗词中更显魅力。其中，数字的运用就起了相当重要的作用，有助于诗词意境的刻画和气势的营造。如李白的"飞流直下三千尺，疑是银河落九天"的美景，白居易的"回头一笑百媚生，六宫粉黛无颜色"的佳句，都借助模糊数字将诗的模糊美展现在读者面前。

因此，模糊数词的翻译直接影响译作质量。刘宓庆就曾指出："运用模糊性的语言作交际手段是导致可译性限度的基本原因之一。"

近年来，随着认知语言学的迅猛发展，越来越多的学者将认知语言学相关研究运用到翻译研究中。国外阿尔布雷特等学者（Albrecht，1985；Snell-Hornby，1988，1995；Tymoczko，1998；Halverson，1998，2000，2003）将原型范畴理论应用于翻译之中，认为源语和译语语篇采取原型视角分析更有效，同一作品不同译文之间具有家族相似性的特征。国内学者杨炳钧（2004）、毛明勇（2007）、谭载喜（2011）和王晓农（2013）等均认为翻译可视为一个大的原型范畴。这些研究深化了对翻译本质的认识。事实上，认知语言学把语言看作一种认知活动，把语言与人的大脑结合起来研究。"认知语言学研究与认知有关的语言的产生、获得、使用、理解过程中的一些共同规律及其与思维、记忆有关的语言知识结构模式"。原型范畴理论作为认知语言理论的核心，它的提出为语言模糊性的研究提供了认知基础。本文拟选取古诗词作为研究对象，以诗词中模糊数字的翻译为例，分析原型范畴理论对该类文本翻译的意义，从而探求模糊数字的传译策略。

二、原型范畴理论和翻译研究

范畴化是人类认知能力的重要组成部分，是指人们划分范畴的过程和方式，体验哲学和认知语言学将其描写为"人们基于互动体验，对外界事物的属性进行适度概括和类属划分的心智过程或理性活动。人们通过这一过程或活动就可赋予世界以一定结构，使其从无序转向有序，是人们认识世界的一种方式"（王寅，2011）。对于范畴的研究始于亚里士多德的经典范畴理论。该理论将范畴视为一组拥有共同特征的元素组成的集合，即范畴是通过一组共同特征而建构起来的，范畴可由"特征束"或一组"充分必要条件"来定义。该理论还认为：特征是二分的，范畴的边界是明确的，范畴成员隶属于集合的程度是相等的，没有核心和边缘之分，地位相等，是均质、离散的。它建立在理想化客体基础上，优点是使认知主体能够迅速抓住对象的本质（王仁强、章宜华，2004）。该理论是基于先验的猜想，而不是经验研究的结果。

到了 20 世纪 50 年代，维特根斯坦在其著作《哲学研究》（1953）中通过"游戏"这个例子，反思了经典范畴理论。他重新审视二分逻辑，认为范畴边界具有不确定性，中心成员与边缘成员具有不同的隶属度，并提出著名的"家族相似性"原理。它是《哲学研究》中提出的语言游戏说的一个组成部分，本意是一个家族成员容貌都有一些相似之处，彼此相似程度不一样。维特根斯坦将范畴比作家族，成员与家族成员一样。例如，儿子的容貌在某些方面像父母，另外一些特征又可能像祖父母，还有一些可能像姑姑等。因此，一家人的容貌彼此虽有差异，但总有些相似，他们之间具有一定程度的家族相似性。但一个家族成员不会具有该家族的全部容貌特征，也不会有两个成员具有完全相同的特征（双胞胎虽十分相同，但仍有区别）。所有家族成员都会有某些共同点，有些成员多一点，有些成员少一点。维氏将范畴比作家族，范畴中的成员之间或众多成员与原型样本成员之间就具有较多的相似性，正是这些共同的属性，才使得该范畴能与其他的范畴区别开来。人类就是根据事体间的属性是否具有"相似联系"进行概括的，这种相似联系就是维氏的"家族相似性"。20 世纪下半叶，人类学者与心理学者关于范畴的一系列研究使人们的范畴观发生巨大的改变。柏林与凯（Berlin & Kay）于 1969 年较为系统地研究了世界上 98 种语言的颜色词之后，提出两个著名的概念：焦点色和基本颜色词的蕴涵等级。他们认为，人类语言中普遍存在 11 个基本颜色词，即焦点色（focal color）。人们对焦点色容易辨认，对某一基本颜色的界限划分不一致，表明相邻颜色之间的界限是模糊的。这也说明不同民族对某一基本颜色（焦点色）的认识具有较大的共性。到了 70 年代，罗施（Rosch）在柏林和凯（Berlin & Kay）的研究基础上又进行了一系列实验，从对焦点色的研究扩展到其他物体的研究，得出结论与他们相吻合，并主张用 Prototype 这一术语替代 Focus。他们认为，范畴的成员不需要满足一系列的充分必要条件，而是凭借其典型特征；范畴成员之间有隶属程度差异，有典型和非典型之分，原型是范畴的中心代表，同一范畴成员之间的地位不相同，非原型成员根据与原型的相似性程度被赋予不同的成员地位；范畴的边界模糊。随后，泰勒等学者（Taylor，Ungerer，Schmid）在概述前述观点的基础上，又进一步完善了原型范畴理论。他们认为，原型是范畴的心理表征，对于范畴划分模糊的实例，原型还可以起到一种认知参照点的作用，并且所有概念的建立都是以原型为中心的。原型理论最有价值的贡献在于它把注意力集中在内部结构上，提出了范畴具有"核心"和"边缘"，即"典型"和"非典型"这个事实。在范畴化过程中，这些具有"凸显性"的典型成员最容易被储存和提取。在形成概念的过程中，它们也最接近人们的期待和预料。可见，原型范畴具有最显著的认知特点，它可以帮助我们轻松地感知事物间的不同，具备完型感知的功能，从而通过原型范畴中的事物与外部客观世界发生联系。

原型并不是一个死板的、具体的特定样式，而是一类相关物体最能猜得到的样式，它整合了形式最典型、最常见的特征。最能体现原型特征的例证，就是原型的最佳样例。原型不是具体的事物，而是一种心理表征，一种抽象。翻译就是试图通过目的语寻找一个最佳原语样例的活动。由于最佳样例具有罕见性，因此接近完美的翻译也同样罕见。在这个活动中，寻找最佳原语样例是目标，不是结果。翻译的标准就是原型的最佳样例，译者一旦建立了原作的原型之后，便尝试用目的语来翻译原作，每个译作都是原型的一个样例，都尽可能向原型靠近，最接近原型的样例就是最佳样例。辜正坤的认识可以作为原型翻译论的注解。辜正坤提出以"最佳近似度"作为翻译的最高标准。最佳近似度是指译作模拟原作内容与形式的最理想的逼真程度（辜正坤，2003）。最佳近似度与最佳样例都强调译作要尽量接近一个理想程度，即原型，考虑了原作与译作的对应程度。最佳样例是基于原作和译作的原型认知心理机制对翻译做动态的阐释，最佳样例的目标是反映抽象的原型，对具体翻译的评价是从整体上把握（完型感知），参照翻译原型（理想的翻译），看译文样例的典型程度，从而评判译文的优劣。因此，基于原型的翻译对等就是翻译不在于能否找到对等的语言形式与意义，而在于能够找到相应的原型样例，并向原型趋同。翻译是基于译者对原作整体的理解和心理感知映像，译作样例是对该心理映像的反映。最接近原型的译作样例最大程度地反映出相关个体对原文的心理提样，即最大程度地与原文等值。最佳样例也只能体现原型的最典型特征，接近原型，但不能完全代替原型本身。

三、原型范畴理论与模糊语言

原型范畴理论认为，范畴边界是具有模糊性的，如有些事物所表现出来的性质状态并不是完全具有，于是事物就表现出从具有某种性质状态到不具有该性质状态的连续性、渐变性特征，或者说具有"亦此亦彼"性、"非此非彼"性特征，也就是中介过渡性特征。这样得到的事物范畴的边界就存在模糊性。因此可以说，模糊性就是人们认知中关于对象类属边界不明晰和状态不确定的特性（张乔，1998）。借助模糊性的概念，我们可以将模糊性语言理解为那些"表达了事物类属边界或性质状态方面的亦此亦彼性、非此非彼性，即中介过渡性的语言"（黎千驹，2006）。由于语言表达的交际价值的有效性和语言主体的认知差异性等因素的存在，也会触发语言模糊性的产生。模糊语言涉及范畴广泛，具有普遍性，对语言模糊性的认识有助于语言主体有效运用模糊语言来传情达意。

在中国古诗词中，很多数词的运用并不用于计数，而是表达模糊含义，其中蕴含丰富的文化内涵，给读者留下许多想象的空间。古诗词中的模糊数字分为两类：一种是词语本身的语义模糊，例如"千古风流人物"（苏轼《念奴娇·赤壁怀古》）、"浊酒一杯家万里"（范仲淹《渔家傲》）；另一种是数字本身具有确切的概念，而在诗中表示的是模糊数量，例如"飞流直下三千尺，疑是银河落九天"（李白《望庐山瀑布》）。这些数字用在诗词里都需要根据作者的意图对其进行模糊理解。因此，古诗词中的数字是集"精确"和"模糊"于一身，其中的许多数字都拥有独特的文化内涵。模糊的数字在诗词中可用来增加意象的生动性、形象性，在内涵和表现手法上呈现出不同的特点，但都表达了强烈的模糊修辞效果和感情色彩。它们既可以形成夸张、对比等修辞效果，使诗歌更显意境深远、生动形象，又可以帮助诗人抒发情感，展现文学作品的魅力。

四、从原型范畴理论视角分析诗词模糊数字翻译策略

中国自古就重数，以"数"为宇宙的关键和万象联络的枢纽。古诗词中模糊数字出现的频率很高，所要表达的侧重点也有所不同，这带来了极大的想象空间。作为译者，就要充分理解诗词的含义，掌握相关的文化背景知识，灵活地运用精确语言与模糊语言之间的转换，再现原文的意境。从原型范畴理论角度出发，诗词中的模糊数字翻译就是要在译语中寻找最能体现原型特征的例证，最接近原型的译作样例，即最佳样例，也就是基于译者对原

作整体的理解以及心理映像的译作样例是对该心理映像的反映。因此，对于具体模糊数字的翻译，译者应结合诗歌原作的整体意境，采用灵活的翻译策略，以寻求最接近原型的译作样例。具体可分为以下三种翻译策略。

1. 保留原数字的直译

例 1：方宅十余亩，草屋八九间。（陶潜《归园田居》）

译文 1：My ground covers no more than ten acres,

My thatched cottage has eight or nine rooms（Arthur Waley 译）

译文 2：Mine is a little property of ten mu or so,

A thatched house of eight or nine rooms.（Amy Lowell 译）

例 2：后宫佳丽三千人，三千宠爱在一身。（白居易《长恨歌》）

译文：Though many beauties were in the palace，

More than three thousand of them，

All his favors were centered on her.

上述两例的模糊数字均采用了保留原数字直译的方法。十余、八九、三千等数字既有模糊性，同时作为概数也表达一定的数量概念。汉语中常以三、六、九、千、万等词来表示多或极的意思，中国古代诗词中用数词表达夸张意图的习惯与英语相似。英语中用精确数词夸大所涉及的量，可以达到令人满意的效果。因此，译者完全可以把模糊数词直译为对应的英语数词，不但可以准确地传达原诗的意味，保留了原诗夸张的艺术手法，同时也符合英语的表达习惯，在英语中最大程度地再现原语的特征，反映出原作的心理映像。

2. 舍弃数字的意译

例 1：九州生气恃风雷，万马齐暗究可哀。（龚自珍《己亥杂诗》）

译文：Er comes a nation's vital force,

What a great pity not to hear a neighing horse！

例 2：死去原知万事空，但悲不见九州同。（陆游《示儿》）

译文：After my death I know for me all hopes are vain，

But still I'm grieved to see our country not unite.

例 3：春水满四泽。（顾恺之《神情诗》）

译文：Spring water overbrims the streams.

上述例子中模糊数字的翻译均放弃数字直译，转而采用意译的方法。在古诗词中"九州"指的就是中国，在译作中被意译为 nation 和 country 是合适的。例 3 中"四"的本意也被放弃，而被整个意译为 overbrim the streams。这在译语读者看来应该是最接近原型的译作样例，因此最大程度地与原文等值，体现出原型的典型特征，也最接近原型。

3. 转译为其他模糊表达

例 1：欲穷千里目，更上一层楼。（王之涣《登鹳雀楼》）

译文：You can enjoy a grander sight，

By climbing to a greater height.

例 2：万里悲秋常作客，百年多病独登台。（杜甫《登高》）

译文：Far from home in autumn，I'm grieved to see my plight，

After my long far illness，I climb alone this height.

例 1 中的数量词"一层"和例 2 中的"万里""百年"分别被转译为 a greater height、far from 和 long far 这些不包含数字的模糊表达语。在古诗词翻译中，如果译者对诗作背景了解透彻，完全可以转译为其他模糊表达。当然，这是建立在读者与源语作者认知共识的基础上的。根据原型范畴理论，两个范畴的边界是模糊的，时间的"长"和"短"，也很难界定。尽管东西方文化存在差异，但是人类思维模式和认知图式还是有共性的，英语国家的读者也能通过这种转译的表达体会到诗作要表达的心情。为此，译作要尽可能向原型靠近，找到最接近原型的样例，而不必拘泥于语言文字表面的对等。

五、结语

通过原型与古诗词中模糊数字翻译的分析，我们可以看到在认知范畴转换的翻译过程中，原型范畴理论与模糊语言关系密切。原型往往影响译者对原文的认知和理解，它代表着同一范畴的典型属性，作为人们认知与理解的基本参照系，其认知价值是不言而喻的。原型范畴理论可为研究模糊语义问题提供一种认知层面上的理论依据。中国古诗词是模糊语言的典型代表，对诗词中模糊数字的翻译进行原型范畴理论框架下的分析，不仅能够对模糊语言的翻译、模糊美的语言间转换有进一步的了解，使译作尽可能地再现原文的原型范畴特征，让读者欣赏到原文的风格及艺术效果，还能拓展到其他领域的翻译中，更好地促进英汉文化交流，提供更丰富的翻译借鉴。

参考文献

1. 赵艳芳. 认知语言学概论[M]. 上海：上海外语教育出版社，2001.

2. 王寅. 什么是认知语言学[M]. 上海：上海外语教育出版社，2011.

3. 张乔. 模糊语义学[M]. 北京：中国社会科学出版社，1998.

4. 黎千驹. 论得体原则与模糊语义的语用功能[J]. 修辞学习，2006（3）：10～12.

5. 辜正坤. 翻译标准多元互补论[J]. 中国翻译，1989（1）：7～10.

6. 王仁强，章宜华. 原型理论与翻译研究[J]. 四川外语学院学报，2004（6）：14～17.

翻译教学

基于计算机网络的英语翻译自主
学习模式研究

摘要：基于计算机网络英语翻译自主教学实验，本文研究了利用校园网课程频道进行该实验的教学效果，通过综合利用读译结合、互评译文等方法来提高学生的翻译能力。实验结果表明，该教学模式可以作为自主学习的一项主要内容，同时也讨论了新模式的优势和今后需要改进的问题。

关键词：计算机　网络　自主学习　翻译教学

一、引言

随着我国加入 WTO 后对外开放脚步的加快，社会对翻译人才的需要也不断增长。我国高校英语专业的翻译课是作为必修课开设的，目的是为了获得和提高扎实的翻译能力。《高等学校英语专业教学大纲》（2000）中明确规定，"高等学校英语专业培养具有扎实的英语语言基础和广博的文化知识并能熟练地运用外语……从事翻译、教学等工作的复合型英语人才"。然而，在实际教学中，翻译教学的效率和效果并不理想。有学者曾指出，当前高等院校的翻译教学和口笔译人才的培养都跟不上我国社会发展的需求，在英语专业的教学手段和教学模式等方面，很有改革的必要。近年来，大学英语教学应充分利用多媒体、网络技术发展带来的契机，采用新的教学模式取代原来单一的课堂教学模式。

同样，这一模式也适用于英语专业的翻译教学。翻译教学如何才能以现代信息技术为依托，以学生为中心更好地拓展课堂内容？我们认为可在现有条件下利用计算机网络等现代化手段，设计一套现实可行的自主学习体系，提高翻译教学的质量和效率，优化教学资源。

二、理论背景

1. 建构主义理论

现代建构主义心理学家杜威、布鲁纳、皮亚杰等，以及人本主义心理学家罗杰斯等都主张，学生要自主地进行建构新知识的探究式学习，学生与学生之间、学生与老师之间要进行协商与交流的互动式学习。建构主义学习理论和建构主义学习环境强调以学生为中心，要求学生由外部刺激的被动接受者和知识的灌输对象转变为信息加工的主体，知识意义的主动建构者；要求教师要由知识的传授者、灌输者转变为学生主动建构意义的帮助者和促进者（何克抗，1997：22）。学生要在真实的语言情境中通过合作学习和意义协商逐渐习得目标语，重视语言交际能力的培养。在建构主义学习理论影响下，在特定历史环境下，自主学习应运而生。建构主义学习理论不主张对教学目标做统一要求，因而，学习评价、教学的组织和管理较为困难，在学习过程中要求学生进行探索，发现简单的陈述性知识，要求学生具有较高的自主学习能力和策略，要求教师和教育机构营造支持性学习环境。本研究正是利用校园网建设自主化的翻译教学系统向学生提供与课堂教学相关的学习资源，由学生主动建构知识体系，开展自主学习与协作学习。这种模式更符合认知心理，能更好地激发学生的学习热情和兴趣，从而达到提高翻译水平的目的。

2. 自主学习理论

霍莱茨（Holec）最早将自主学习引入外语学习，他认为自主学习是指学习者管理自己学习的能力，即学习者根据自身条件和需要自主确定学习目标和计划，选择合适的学习策略，以自己的学习过程为监控对象，并对学习结果进行评价和反思。自主学习强调学习者自定步调，是与他主和被动学习相对应的一种学习方式。具体来说，就是教师在教学过程中，给学生提供灵活的思维时间和空间，让学生主动建构自己的认知结构，教师通过设计情境，组织学生感知教学环境，收集信息，加工信息，积极探索，主动建构，从而达到对所学知识进行建构的目的。

当前，计算机网络技术的发展为自主学习提供了更广阔的发展空间。基于建构主义和自主学习理念，已经有一些学者进行了相关的教学实践研究。李瑞等（2006：126）进行了基于计算机和网络的合作式自主学习模式研究，探讨培养学生自主能力的可行性。张慧琴（2007：38）进行了多媒体辅助英语专业翻译教学实践探索，论证得出应用多媒体有利于师生合作与互动，有利于增强学习自主性。黄勇等（2006：23）探讨了网络环境下英语自主写作模式，实验结果表明这种写作模式可以作为自主学习的一项主要内容。我们开展的基于计算机网络的英语翻译自主学习模式研究，就是要利用网络的交互功能，以校园网课程频道为平台，为学生开创自主的学习空间，通过对学生自主学习过程的研究和分析，探索计算机多媒体辅助英语专业翻译教学的若干相关问题。

三、基于计算机网络的英语翻译自主学习模式的教学实践

河北工业大学在正常的课程教学之外，还利用校园网的课程频道为每个学生提供自主学习的空间。我们开展了为期一个学期

的多媒体辅助翻译自主学习训练，就是在贯彻分层次、自主式、个性化的原则下，充分利用网络技术，改进原来单一的课堂教学模式，利用现代科学技术的优势，拓展翻译课堂教学，提高教学效率和效果。

1. 实验设计

实验班由 40 名英语专业大三学生组成，学习成绩属于中等和中等偏上，同时选取相应的实验对照班。由于授课环节中每类翻译技巧讲解结束后，我们都会有一个关于该技巧的小测验，总共 100 分，10 个英译汉，10 个汉译英，考察学生对该类翻译技巧的掌握。我们就以此为依据，比较实验班和对照班的学习效果，此外对学期末两班翻译成绩做相应的对比。

河北工业大学校园网课程中心为翻译课程开设了自主学习的系统，包括翻译资源模块、班级讨论区域和技能自测区。其中，翻译资源模块主要包括基础翻译的讲解和示例，例如，词语翻译（词语的选择、转译、增减等）、句子翻译（正反译、语序调整、比较句等）、篇章翻译（连接、段落处理等）。同时，为学生提供英译汉方面的翻译佳作，选一些名家名著，如杨必的《名利场》；汉译英方面选取刘士聪、张培基以及杨宪益等名家的翻译，如许地山的《落花生》。班级讨论区域具有基本的 BBS 功能，能够实现同步和异步的交流，教师可以删除或保存学生所发的帖子，教师与学生交流的平台可用于答疑，也可便于学生之间交流，分享学习经验。技能自测区设置主客观两种题，检验学生的翻译实践水平。客观题包括选择正确译文、判断题、翻译理论填空题，而主观题包括译文赏析、改错、短语和句子翻译。学生提交作业后可以由系统判断客观题，主观题部分会提供参考译文，供学生对比。

2. 翻译自主学习内容和过程

翻译教学采用主题翻译技巧式教学模式，教师在设计翻译题目时会以讲授翻译技巧为主。同时，在要求学生做翻译篇章练习时，有意识地使用翻译佳作中的句子结构和短语，做到阅读和写作相互促进。具体步骤如下：

（1）任务布置阶段：教师分析课堂教学目标，按教学进展来设计布置任务。要求学生登陆校园网课程平台，自主学习，完成相应的篇章翻译。引导学生进行主动探索学习，提高自主探究能力。

（2）自主建构阶段：学生根据教师布置的任务，借助网络平台开展自主学习，并通过完成学习任务进行网上自我评价。例如，从翻译资源模块，可以进行词语转译的学习，可以自由选择翻译鉴赏材料。在整个学习过程中，教师通过让学生提交作业的方式进行监控，对学生提出的问题通过班级交流区域进行辅导，加强学习过程中的交流。

（3）协作学习阶段：学生在自主学习过程中遇到问题，可通过在线交流、邮件、论坛等实现教师与学生之间以及学生之间的讨论和交流。这减轻教师的教学负担，也激发了学生的学习热情，使学生达到共同进步的目的。同时，该阶段可要求学生把翻译作业发到讨论版，按照下面内容进行互评，结果也贴在讨论版上。教师浏览这些文章可就某些文章发表简单的建议和评论。评分内容分以下几项：① 文章长度（20%）：原文达到 100 字以上的，每多 20 个字额外加一分。② 语法（20%）：语法正确，没有时态、语态、句子结构等方面的错误。③ 句型和短语与所阅读佳作的相关度（20%）：由同伴统计从佳作中套用的句型和短语。④ 文体风格（20%）：语气和文体风格与原文一致，句式处理恰当，选词妥帖。⑤ 语篇连贯（20%）：连接词选择恰当，过渡自然流畅。 在第一、三项均有加分，目的是使成绩较差的同学认识到可以通过勤奋努力获得较好的分数，以此鼓励他们学好翻译，喜欢翻译。

（4）效果评价阶段：教师安排学生把自主学习的成果上传到网站中，由老师和学生共同评价学习效果。学生根据意见，考虑重新修改，然后把修改稿发到班级讨论区域，由学生自由进行小组讨论，选出最好的一篇翻译作品，由教师带到课堂上进行简单点评，让同学们欣赏到好的翻译句子。学生因此能获得欣赏与赞美，感受到成就感。

四、讨论

1. 教学效果分析

基于计算机网络的英语翻译自主学习模式的实践教学已经在河北工业大学开展了两个学期，为了了解学生对该教学模式的态度，我们设计了问卷调查，内容包括教学模式、教学软件、网络连接等方面，并分别在不同时期对学生进行调查。部分结果统计如下表所示。

（1）对新教学模式的满意程度（%）

	很满意	满意	一般	不满意	很不满意
第一次	20	58	17	3	0
第二次	13	56	28	2	1

（2）对教学内容的满意程度（%）

	很满意	满意	一般	不满意	很不满意
第一次	8	67	23	2	0
第二次	16	59	23	4	2

（3）对协作学习的满意程度（%）

	很满意	满意	一般	不满意	很不满意
第一次	8	60	25	2	0
第二次	10	50	25	5	1

（4）对自主学习安排满意度（%）

	很满意	满意	一般	不满意	很不满意
第一次	6	50	21	15	6
第二次	17	50	17	14	3

从以上结果可以看出，在第一次调查中，学生对新教学模式的教学内容、协作学习以及自主学习安排的满意程度明显低于第二次，说明学生对于网络自主学习总体满意度在提高。英语翻译能力的提高不是一蹴而就的，只有在大量的语言输入之后才可能产生输出时的变化，教师和学生需要更多的时间来体会计算机网络为英语翻译教学带来的积极影响。学生对基于网络的英语翻译教学是认可的。

2. 成绩对比

经过实验之后，对实验班和对照班阶段测试以及期末翻译考试的成绩进行了对比，结果表明实验班的各项成绩明显优于对照班，表明该模式有助于学生翻译能力的提高。

3. 新教学模式的优势

基于计算机网络的英语翻译自主学习模式确立了学生在教学过程中的主体地位，实现了从以教师为中心向以学生为中心的模式转变，既能传授一般的翻译技能知识，又注重培养应用能力和自主学习能力。同传统模式相比较，它的优势在于：

（1）学生个性化自主式学习：自主学习是基于计算机网络所特有的优势，在传统教学模式下，完全是由教师来安排和控制授课的内容和进度，学生的期待和课堂内容存在很大差距。基于计算机网络的英语翻译自主学习模式可以通过学生的自主学习解决这个问题。学生可以根据自身的情况，按照自己的学习方式，决定学习内容和学习进度，完成学习任务。有余力的学生还可以在完成规定任务后按个人兴趣进行自主学习，这样每个学生都可以真正学到想学的东西。

（2）传统教学模式没有考虑学生的个体差异性，统一的教学安排不利于学生个体的发展。新的模式只规定教学任务，学生遇到困难可以向教师请教，也可以通过网络交流从其他学生处获得帮助，教师也可以根据学生在学习中的问题进行有针对性的指导。

4. 存在的问题

教师和学生由于受到主客观因素的影响，出现了一些不容忽视的问题。

教师与学生因素：由于实验周期只有一个学期，学生对阶段测试并不是非常认真，期末考试成绩也没有做严格的统计学上的分析，对学生翻译能力的长期影响也有待时间来检验。翻译过程和评分过程过于烦琐和细致，学生难以坚持，到实验后期评分比较随意。在实验初期，学生尚能认真翻译和评分，到了后期，随着学习任务加重，考试的临近，大部分学生只是草草完成任务，降低了学习效果。

客观因素：这主要是指计算机硬件配置、局域网络连接和多媒体学习课件等教学配套设施。新模式对计算机和网络的要求比较高，校园网络不时出现故障。因此，必须更好地建立英语教师和技术人员之间的协作关系，同时外语学院和学校相关部门也应该加强沟通与合作。

五、结语

基于计算机网络的英语翻译自主学习模式是全新的教学思路、教学理念和教学方法的一次尝试。尽管存在一些问题，但总的来看，这种自主学习有助于提高学生翻译水平，激发学生身上蕴藏的巨大学习潜能。只要合理安排好教学，学生不仅能完成学习任务，还能培养自主学习能力，并在今后的学习生活中受益。

总之，这种新模式的优势很明显，但我们也应该注意到，教学效果需要技术的支持，这也是我们今后应该努力完善和研究的方向。

参考文献

1. 陈美华，邵争，郑玉琪. 基于计算机和网络的大学英语自主学习模式研究[J]. 外语电化教学，2005（6）.

2. 何克抗. 建构主义革新传统教学的理论基础[J]. 电化教育研究，1997（3）.

3. 黄勇，李庆明. 网络环境下英语自主写作模式探讨[J]. 外语电化教学，2006（4）.

4. 李瑞，董天，马建桂. 基于计算机和网络的合作式自主学习模式研究[J]. 河北大学学报（哲学社会科学版），2006（4）.

5. 张慧琴. 多媒体辅助英语专业翻译教学实践探索[J]. 外语与外语教学，2007（2）.

E-learning 模式下实用英语翻译教学研究

摘要：本文基于 E-learning 模式，研究该模式下实用英语翻译教学效果。通过综合利用读译结合、互评译文等方法来提高学生实用翻译能力。实验结果从翻译速度、选词、句子结构等方面说明了该方法的有效性。

关键词：E-learning　实用翻译　教学模式

一、引言

随着计算机技术的突飞猛进，语言教育技术已经成为教育界不可忽视的内容。当前，在校生人数激增，随着"终身学习"观念的逐步深入人心，同时，教育信息激增，教材、教法、理论和学习需求也呈现出多元化的趋势，传统的校园学习、班内面授的教学方法已经远远不能适应现实发展的需要。在这种背景下，E-learning 教学理念、方法和技术无疑成为解决上述问题的好办法。

E-learning 利用基于数字技术的功能特性和资源，结合利用可以适应开放和灵活的分布式学习环境的其他形式的学习材料，面向处于任何时间、任何地点的任何人，实现精心设计的以学习者为中心的交互性的、促进性的学习。在现代网络技术多媒体环境下，通过 E-learning 教学模式结合实用英语的特点，可以设计一套以学生为中心的教学模式，优化教学资源，从而达到综合提高学生翻译水平的目的。无论是教学还是科研，在理论和实践上都是有一定价值的。

二、E-learning 特有的功能特点

在传统班级教学中，教师无法顾及不同学生的情况，难以做到教学适合每一个学生，然而 E-learning 以其特有的优势为解决差异教学提供了良好的平台。

1. 拓展教学空间

网络是 E-learning 的主要学习工具和媒体，不受时间和地点的限制，学生可以很方便地进行自主学习。这种学习方式延伸了学习触角，学习时间由固定安排转变为自由掌握，学习空间得到极大的扩展，而不仅仅限于课堂之内。

2. 提供个性化学习平台

E-learning 能够充分实现个性化学习。学习者可以按照适合于自己的方式和速度进行学习，在自己方便的时间从互联网选择适合的学习资源。E-learning 交互式的学习情境，可以满足不同学生的需求。

3. 以学生的学习活动为中心

在 E-learning 教学环境下，主体是学生而不是教师，学习者由被动转为主动。教师与学生角色的转换是实现差异教学的前提。课程编制、教学活动规划、学习设计等都要从学习者本身出发。教师是学习活动的设计者和组织者，学生的地位由被动的接受者转变为知识意义的主动建构者，自主学习成为学生学习知识的主要方式。

4. 协作学习的方式运用

在 E-learning 环境下，学生可以根据特定的学习任务组成学习共同体，学生可以在沟通、交流、分享各种学习资源的过程中，共同完成学习任务。

三、理论背景

1. 建构主义理论

建构主义是认知主义的一个分支，是认知主义的进一步发展。建构主义理论下的教学模式强调教学活动中情景创设、协作学习和自主学习，认为学习是一个不断重复的建构过程，学习者自己在他人或其他信息源的帮助下主动建构知识，学习是学习者在当前的或原有的知识体系的基础上建构新的思想的积极主动的过程（Bruner，1990）。建构主义理论确立了学生在教学活动中的主体地位，让学生在师生共创的情景中通过与教师或同伴的协作和会话建构意义，获取知识，这样学生在学习活动中就更具有"主动性、目的性、真实性、建构性和合作性"（Jonassen，Pack & Wilson，1999：15）。现代建构主义心理学家主张学生要自主地进行建构新知识的探究式学习，生生之间、师生之间要进行协商与交流互动式的学习。建构主义学习理论强调以学生为中心，要求学生由外部刺激的被动接受者和知识的灌输对象转变为信息加工的主体，知识意义的主动建构者；要求教师要由知识的传授者、灌输者转变为学生主动建构意义的帮助者、促进者（何克抗，1997：22）。学生要在真实的语言情境中通过合作学习和意义协商逐渐习得目标语，重视适切的语言交际能力的培养。建构主义学习理论不主张对教学目标做统一要求，因而学习评价、教学的组织和管理较为困难，在学习过程中要求学生进行探索，发现简单的陈述性知识，学生要具有较高的自主学习能力，要求教师和教育机构营造支持性学习环境。本研究利用校园网建设自主化的翻译教学系统向学生提供与课堂教学相关的学习资源，由学生主动建构知识体系，开展自主学习和协作学习。这种模式更符合认知心理，能更好地激发学生的学习热情和兴趣，从而达到提高翻译水平的目的。

2. 自主学习理论

自主学习理论是在建构主义学习理论影响下应运而生的。霍莱茨（Holec）最早将自主学习引入外语学习，他认为自主学习是指学习者管理自己学习的能力，即学习者根据自身条件和需要自主确定学习目标和计划，选择合适的学习策略，以自己的学习过程为监控对象，并对学习结果进行评价与反思。自主学习强调学习者自定步调，是与他主和被动学习相对应的一种学习方式。具体来说就是教师在教学过程中，给学生提供灵活的思维时间和空间，让学生主动建构自己的认知结构，教师通过设计情境，组织学生感知教学环境，收集信息，加工信息，积极探索，主动建构，从而达到对所学知识意义建构的目的。我们开展的基于 E-learning 模式的实用翻译自主学习模式研究，就是要利用网络的交互功能，以校园网课程频道为平台，为学生开创自主的学习空间，通过对学生自主学习过程的研究和分析，探索计算机多媒体辅助英语专业实用翻译教学的若干相关问题。

四、实用翻译的特点

实用翻译所涉及的文本包罗万象，各种文本有自己的语域、文体、语用特点，受到文本类型、文本规范与规范的制约（陈刚，2008：13）。因此具有较强的专业性，其教学的关键在于帮助学生学会了解同一类语篇在汉英语境中各自的独特表现方式和句法结构，即约定俗成的语篇表达方法，并在译语中套用译语的习见模式，实现译文预期功能（陈小慰，2006：3）。实用翻译注重语篇的功能和交际目的。因此，实用翻译多根据翻译的目的和具体情况，采用改译、编译等翻译技巧，而不采用绝大多数文学翻译的全译法。

鉴于实用翻译的特点，丁衡祁（2006：42～46）提出"模仿

—借用—创新"模式，英语中如果有现成的对应表达方式，我们就采取"拿来主义"的方式，这在大多数情况下都适用。如果没有类似表达可以参照借鉴时，就采取"嫁接改造"的方式；如果在英语中找不到相同或相近的表达，就须按照英语的习惯和思路进行创译，防止对号入座的机械翻译。"模仿—借用—创新"原则强调吸收原汁原味的英语表达，按英语同类语篇的语体规范和表达习惯来翻译，实则是对原文的一种重新表达，即实用文体的翻译，其实质是用另一种文字对原作的改写或重写。

五、基于 E-learning 模式的实用英语翻译教学模式的设计与实施

我们在正常的课程教学之外，利用校园网为学生提供自主学习的空间。我们开展了一个学期的 E-learning 模式下实用英语翻译教学，就是在贯彻分层次、自主式、个性化的原则下，利用现代科学技术的优势，拓展翻译课堂教学，提高教学效率和效果。

1. 实验设计

我们选取两个人数相当、水平相当的英语专业班级作为实验班和对照班。两班学生都已进行了一个学期的翻译实践和理论的学习，对于中英思维方式的差异和英汉语言对比都有了初步的认识，并已基本掌握了基于词汇、句子和语篇等方面差异的翻译转换技巧。

对于对照班的教学，仍然按照传统翻译教学的模式进行。教师上课下发所需翻译段落，简单介绍其中可能用到的翻译技巧，如归化、异化、合并、拆分等，课下规定一定数量的作业练习。

实验班的教学则设置 E-learning 模式下的网络教学方式。

2. 实验内容和过程

第一阶段：网上阅读文章。阅读的过程实际是塑造学生好的

认知结构的过程。在实用翻译教学中，有意识地让学生阅读英文实用材料，就是让他们熟悉在特定语境下重复使用而逐渐定型并相沿成习的语体规范或固定模式，了解遣词造句特征和各自的组篇方式，从而翻译出合乎原文含义、切合文体特征的语篇。因此，我们要求实验班的同学通过校园网络的教学平台按进度阅读相关的英语原文文章，文体涉及商务、广告、科技、财经，熟悉其中的固定说法和特定句型模式，做到输入语言材料和语言知识，这样有利于输出，即为后来翻译的准确、流利和多样性做准备。

第二阶段：网上协作学习。学生在阅读材料过程中，将输入内容内化为自己的知识的一部分。通过网络的论坛进行生生交流和师生之间的交流，也可通过在线交流、e-mail、论坛等实现讨论。这减轻教师的教学负担，同时也激发了学生的学习热情，使学生达到共同进步的目的。

第三阶段：网上翻译练习。经阅读交流后，学生根据自己的时间，完成教师布置的翻译作业，学生可以在所阅读的文章中寻找一些有关的词汇或句型，将自己的译文发到网络上供大家讨论，让教师评价。

第四阶段：效果评价阶段。教师安排学生把自主学习的成果上网，由老师和学生共同评价学习效果。学生根据意见，考虑重新修改，然后把修改稿发到班级讨论区域。

在网络学习结束后，我们安排两个班的学生同时同地翻译同样长度的实用英语文章，然后由教师收上来，进行实验的比较和分析。

3. 实验结果分析

通过比较实验班和对照班的翻译文章，我们发现，水平相当的学生在经过不同的教学方法后，译文水平呈现很大的不同，主要体现在以下几方面。

（1）翻译速度

从翻译速度的差别可以看出，实验班同学要明显快于对照班。其中主要原因是由于所要求翻译的中文段落中的许多语句、字词可以直接套用所阅读过的英语实用文中的原词原句，这样大大节省了思考的时间，从而提高了翻译速度。

（2）词汇运用

例1：兹证明，王力系我校学生。

译文：This is to certify that Wangli is a student of our university.

在此类实用文书的翻译中，实验班的所有学生均采用了 this is to certify that…或 It is to certify that…等标准公文词汇来翻译，而对照组只有5人采用英语地道的表达。

例2：刘备章武三年，病死于白帝城永安宫，五月返回成都，八月葬于惠陵。

译文：Liu Bei died of illness in 223 at present day Fenjie county, Sichuan Province, and was buried here in the same year.

该段文字出自旅游宣传文章，原文涉及历史年份和地名。如果直译成英文，读者可能会觉得不知所云，如果增词或者加注，那会使译文篇幅变长，累赘啰嗦。实验班的同学在翻译中均对原文信息进行了适当的删减和调整，符合英语读者的阅读习惯。这和该班之前曾阅读过一篇旅游文化的宣传文章有很大关系。而对照班的同学无一对此进行改动。在旅游宣传资料中，涉及人名、地名、朝代等文化内容时，可适当删减，这样做使译文更加符合目标读者的语言习惯，更容易被接受。

（3）句子结构

在句子结构的搭建上，实验班和对照班也呈现较大的差异。主要体现在实验班所选句子结构更符合所译文体特征，句子结构更为灵活。

例3：你方5月1日来函收悉。

译文：We are in receipt of your letter dated May 1st./Your letter dated May 1st has come to hand. / We acknowledge receipt of your letter dated May 1st.

经贸文本具有程式化的显著特点，很多地方使用套话和固定的模式以保证译文符合目的语经贸文本的规范。对照班对于上句的翻译都没有套用固定模式。虽然在语义和语法上都没有问题，但不够规范和标准。统计实验班的翻译可以发现，大部分人都套用了固定格式，更能传递出原文的功能特征。

例 4：送呈阿毛先生携女友台启

谨定于公历二零零六年五月一日（星期一）为小儿张龙小儿媳妇王艳举行结婚典礼，敬备薄酌，恭候光临！时间：晚上五点半。席设：杭州市天马大酒店。

张飞陆琴夫妇

译文：Zhangfei with Luqin request the pleasure of Mr. Amao and girl friend's company on the wedding ceremony of my son Zhang Long and my daughter-in-law Wang Yan on Monday，May 1，2006 at 5:30 pm at Tianma Hotel，Hangzhou.

这是一个简单的请柬翻译，但通过对比两组同学的译文可以看出，实验班所有同学都运用了英语的惯用结构 request the pleasure of one's company 翻译请柬的关键部分，而且省略了"敬备薄酌"这一富含中国文化特色词语的翻译，符合英语表达习惯。对照组所有同学的译文语序是依照汉语原文来安排的。可见，阅读输入使学生熟悉了地道的表达，为翻译打下了基础。

六、讨论

通过一个学期的基于 E-learning 模式下的实用英语翻译教学的研究，可我们发现该教学模式具备以下三方面的意义：

1. 高度交互，富于个性，有利于提高学生的自信心和主动性

E-learning 模式的最大优点在于可以在任何时间、任何地点提供交互式学习环境。传统外语教学过程中一切都是由教师决定，学生只能被动地参与这个过程，处于被灌输的状态。而在 E-learning 环境下，学生可以按照自己的学习基础和学习兴趣来选择自己所要学习的内容，在这样的交互式学习环境中，从被动接受变为主动参与，从而提高了学生学习的自信心和主动性。

2. 有利于确立学生自主学习的主体地位

英语学习是实践性非常强的活动，教师必须认识到语言是通过学习而不是通过教学来掌握的。从语言知识的吸收到内化，再到对所学语言知识的运用，在这个转化过程中，学生一直是学习和实践的主体。在新模式下，教师仍然起到主导作用，但不是传统模式中的"教授"和"灌输"，而是"组织"和"指导"。E-learning模式强调培养学生自主学习能力的重要性，这种模式更符合认知心理，能更好地激发学生的学习热情和兴趣，从而达到提高翻译水平的目的。

3. 有利于拓展翻译课堂教学

现代教学理念强调遵循以学生为中心的教学原则，提倡给学生更大的自主权和空间。自主化的教学系统向学习者提供与课堂教学相关的大量资源，由作为主体的学生主动建构知识体系，开展自主学习与协作学习。

七、结语

在现代英语教学中，结合 E-learning 新型的模式，既能发挥教师的指导作用，又能充分调动学生学习的积极性和自主性。实践证明，这种模式是可以有效地对课堂实用翻译教学进行拓

展和补充的。

参考文献

1. Bruner, J. *Acts and Meaning* [M]. Cambridge, MA: Harvard University Press, 1990.

2. 陈刚等. 实用文体翻译：理论与实践[M]. 杭州：浙江大学出版社，2008.

3. 陈小慰. 新编实用翻译教程[M]. 北京：经济科学出版社，2006.

4. 丁衡祁. 努力完善城市公示语　逐步确定参照性译文[J]. 中国翻译，2006（6）.

5. 何克抗. 建构主义革新传统教学的理论基础[J]. 电化教育研究，1997（3）.

6. 姜智. E-learning 环境下的差异教学[J]. 黑龙江高教研究，2005（11）.

7. 沈海晖. E-learning 教学模式在网络广告课程中的应用[J]. 中国成人教育，2005（12）.

8. 宋小玲. 在阅读中提高学生写作能力[J]. 陕西师范大学学报，2006（2）.

形成性评价在网络翻译教学中的应用

摘要：作为教学手段和学习评价手段，形成性评价相比终结性评价有着较大的优势。在介绍国内外形成性评价研究的基础上，本文介绍了形成性评价在网络翻译教学中的实施策略，并分析了在实际教学应用中的效果，总结了其应用价值。

关键词：形成性评价　翻译教学　实施策略

一、引言

形成性评价是指教学过程中通过及时、有效的反馈促进语言教学健康发展的评价手段，在实行以学生自主学习为特点的多媒体教学中尤为重要。形成性评价这一概念最早是由美国芝加哥大学哲学家斯克里文（M.Scriven）在 1967 年论及课程改革时第一次提出的。具体来讲，形成性评价是指通过多种评价手段和方法（观察、活动记录、测验、问卷调查、咨询、访谈、学习日志和学习档案）对学生学习过程表现出的兴趣、态度、参与程度，对他们的语言发展状态、学习尝试、学习进展进行持续评价。

国内学者分别就形成性评价运用于口语教学、阅读教学、写作教学和高职英语教学等进行了一些探讨。董菊霞（2012）在研究艺术类本科学生英语学习特征的基础上，提出形成性评价在这部分学生中实施的内容、方法以及需要注意的问题，对同层次学生的大学英语教学提供了较为完善的形成性评价体系。杨颖（2011）、王学锋（2011）把形成性评价应用于高职教学以及商务英语和写作教学，都取得了比较满意的效果。侯祥瑞、孟坤、刘成志（2009）通过考察终结性评价与形成性评价的理论来源和区别，说明形成性评价在英语教学中具有不可替代的重要作用，并认为新形势下实施形成性评价对大学英语教师的意识观念和能力素质都提出了具体要求。王登文（2007）对大学英语网络自主学习中引入形成性评价的依据及形成性评价模式进行了探讨。单小艳等（2012）探究利用形成性评价模式于英语阅读教学中，提出"合作+自主+探究"的综合教学模式。近年来，国内翻译教学模式的改革呈现出将信息技术运用于翻译课程的研究方向。一是构建网络化翻译教学的理论基础(师新民等，2006；宋以丰等，2009)。二是设计并应用网络化翻译教学的模式（段自力，2009）。尝试运用网络论坛开展课外小组翻译实践教学。三是注重市场需求和社会环境对翻译课程制定的影响（钟晓峰，2010）。这些研究奠定了网络化翻译教学的理论和实践基础，证明了信息技术与翻译教学整合的可行性和必要性。

本研究将具体深入地探究如何有效地将形成性评价的标准运用于网络翻译教学中，提高翻译教学评估的质量，使其成为标准化测试的有效补充。在将信息技术与翻译教学整合的基础上，从翻译学科的特点出发，将形成性评价渗透于网络翻译教学过程中的每一个环节，也是学生学习的激励机制，最终促进学生综合翻译能力的全面提高。以形成性评价的方法为学生提供一个不断自我完善与提高的机会，以期对英语专业翻译教学提供可借鉴的模式。

二、实施策略

1. 评价对象。该研究基于河北工业大学外国语学院英语翻译教学的情境，对象是外国语学院 2010 级学生。研究内容的开展主要在翻译教学课堂进行。

2. 评价内容。评价的内容分为学生课内表现评价和网络表现评价两部分。

课内表现评价包括：

（1）学生自评。自评可以激发学生学习翻译的参与度和自主意识，提高自律能力，改善自主学习的效果。教师可提供翻译练习的范例供学生参考，监督学生认真填写自评表，包括翻译用词的准确性、语句表达逻辑准确性、语体和感情色彩传达的把握等方面的评价。学生通过对比，找出翻译的优秀点，有利于寻找未来提高的方向，同时加深对翻译工作的认识。

（2）教师评价。这是整个学习过程中重要的一环。除了对学生给予一定翻译技巧的指导，教师评价还应对学生的学习态度、学习方法、主动性等作出客观的评价。此外，教师也可结合课堂观察，对学生日常学习进行评价并提出建议，如课堂表现、教材使用情况、小组活动中与其他同学交流情况等。

（3）学习档案袋。学习档案袋是对翻译学习过程的记录，可以反映学生的翻译水平的进步情况，以帮助学生对自己的学习进行反省和评价。学生把自己认为最好的、能体现各种翻译技能的翻译作品放入档案袋。翻译能力的培养是循序渐进的，档案袋不仅仅注重对学生作出评价，更注重学生学习和进步的过程，通过对学习过程的反思，调整重点，找出方向，促进下一步的学习。让学生在进步中体验成长的喜悦，提高自信心。学生可以从档案袋中看到自己的进步，制定下一步的发展目标，也为教师提供了更多有关学生翻译学习与发展的重要信息。

网络表现评价包括：

（1）网络参与程度。这主要是指学生在翻译课程论坛的在线时间长度、点击次数、论坛发帖数、回帖数等。埃德尔斯坦和爱德华兹（Edelstein & Edwards，2002）对学习者在线学习参与程度列出了详细的量化指标，包括回帖的积极性、帖子语言质量、帖子相关性、观点表达情况以及对学习社区的贡献度，通过对每项赋予一定的分值比重，从而给予学生网络参与度的评价。通过对网络参与度的监控，可有效提高学生网络学习的质量和效率。

（2）学生互评。在网络翻译教学过程中可采取"工作坊"，其重要内容是成员之间的相互评价，目的在于培养学生的合作精神，促进相互学习。学生可以通过网络对同组成员提交的翻译作业进行评价，提交帖子，参与互动。互评可以对翻译稿中信息传递的准确性，语言连贯性和通顺程度，语法规则、逻辑关系、篇章结构是否合理及优缺点、改进建议等进行探讨。学生根据组员提出的建议再次修改翻译稿，然后将修改稿和自评一同通过网络提交给老师。通过互评，学生能了解自己的不足，同时也进一步激发学习的积极性。

三、实施效果

1. 提高学生自主学习能力

从一学期的评价实践可以看出，这些课内、课外的形成性评价方式大大影响了学生学习策略的形成。学生自主学习能力的提高是采用形成性评价手段最明显的收获。学生主动参与到学习过程之中，主动思考，解决问题，有利于他们从被动地接受评价到主动参与的转变。同时，通过课内外活动的记录、学习档案、网络学习记录等形式对学生学习进行观察和监督，他们在学习过程中自我反思、体验成功，同时在认知、情感、交际、自我管理等多方面培养学生的自我监控、自我评价能力。

2. 提升课堂教学质量，激发学习兴趣

学生积极参与课堂活动，个性得到充分展示。通过教师课堂观察，有 80% 的学生在每次课上都参与课堂活动，能做到主动回答问题并表现得更加自信。一方面，在翻译教学中实施形成性

评价能进一步帮助教师了解课堂教学的效果和学生学习的进展情况，分析存在问题的原因，便于教师反思和改进教学，提高翻译教学质量。另一方面，形成性评价是伴随学习过程进行的，它关注学习过程，有助于激发学生的翻译学习兴趣，反思和调控学习过程，培养自主学习精神，为学生调整学习策略，提高翻译学习效率提供理论指导。

四、结语

终结性评价许多项目与学生日常所学和实际应用没有联系，对教学过程这一重要环节评价的缺失是终结性评价的局限性，而形成性评价则恰恰弥补了这一不足。首先，基于形成性评价的网络翻译教学模式改变了传统的单一评价模式为多样化的评价方式，这种评价方式改变了传统的"以教师为主"的教学模式为"以学生为主"的合作性教学模式，加强对"课堂+网络"新型教学模式的有效监控和管理。其次，以学习者为主体的自主学习和远程学习对学生的自主学习能力和自律意识提出了更高的要求，从而需要进一步加强翻译学习的形成性评价，在学习的每一个环节加强监督和指导，为取得良好的学习效果奠定基础。最后，通过实施基于形成性评价的网络翻译教学法，既可以应用于英语专业教学，也可以应用于公共英语教学，更全面地考察了形成性评价对不同专业学生英语学习的作用。

参考文献

1. 董菊霞. 形成性评价在大学英语教学中的应用[J]. 山西财经大学学报，2012（4）.

2. 段自力. 基于网络"译审模式"的交互式翻译教学实验研

究[J]. 中国翻译，2009（3）．

3. 侯祥瑞，孟坤，刘成志. 论形成性评价对大学英语教师的要求[J]. 中国成人教育，2009（12）．

4. 单小艳，张春晓，李文艳. 试论"合作+自主+探究"英语阅读教学模式[J]. 黑龙江高教研究，2012（4）．

5. 师新民，肖维青. 信息化翻译教学的新视野[J]. 外语界，2006（5）．

6. 宋以丰，李淼. 基于多媒体的多元翻译学习模型研究[J]. 外语界，2009（4）．

7. 王登文，廖丽娟. 大学英语网络化教学——大学英语教学改革实证研究[J]. 江西蓝天学院学报，2007（4）．

8. 王学锋. 形成性评价反馈循环模式与英语写作教学评价原则及措施[J]. 解放军外国语学院学报，2011（1）．

9. 杨颖. 形成性评价对大学英语口语教学的效能分析[J]. 中国成人教育，2011（6）．

10. 钟晓峰. CAT 技术与翻译教学漫谈[J]. 教育与职业，2010（3）．

口笔译专题学习网站的设计与应用的实证研究

摘要：口笔译专题学习网站是基于网络资源的学习型网站。本网站共有翻译实践资源库、翻译知识库、翻译技能自测、交流园地和资源链接五部分。实证研究表明，在翻译教学现状下，口笔译网站辅助翻译教学的模式，有利于优化教学资源，拓展教学内容。

关键词：口笔译专题学习网站　设计　应用模式

一、研究背景

随着我国对外开放脚步的加快，社会对翻译人才的需要也不断增长。近年来高校英语专业扩招，翻译师资缺乏，教学班多在30～40 人，有的甚至达到 80 人，这对保障翻译教学质量提出了严峻的考验。加之长期以来，传统的翻译教学仍然采用"老师讲学生听"这种一对多的教学方式，不可能做到针对每个学生情况进行辅导，学生的自我提高无法得到肯定。同时，教师的工作量也无形中加大。传统课堂的教具——黑板、粉笔不仅限制教学速度，还限制教学信息量的输入，而这些是与现代教学原则相悖的（郭红，2004：54）。

那么，翻译课堂如何才能以现代教学理念为指导进行整合，以学生为中心更好地拓展课堂容量？

已经有不少学者致力于这项研究，他们将听力、视听、写作等课程与多媒体网络技术结合，并取得了不错的教学效果（王东、张新华，2004；韩少杰、周可欣，2006）。本文研究的目的是探索在网络环境下以学生为中心，利用现代网络资源探讨口笔译的学习模式，改变传统的教学方法，利用口笔译网站提供的各种学习、指导、评价资源，开展课外自主学习，从而达到延伸课堂空间、提升综合口笔译能力的教学目标。

二、口笔译专题学习网站的设计

口笔译学习网站主要由翻译实践资源库、翻译知识库、翻译技能自测、交流园地和资源链接五个部分组成。

1. 翻译实践资源库。翻译实践资源库由口译实践资源库和笔译实践资源库组成。口译板块包括音频素材库、视频素材库。从网络、电台等媒介上采集了各种新闻、谈话、会议等音频，配有英文节目的文字资料。除此之外，提供一些口译书的音频版，如《汉英口译翻译实践》及其对应的文字材料等。学生可自行练习，打好口译中最基本的听力基础或用原语跟读材料，然后复述，最后再用译语翻译出来等。视频素材库中，主要从电视、网络、DVD等收集视频材料，包括国务院新闻发布会、联合国会议、新闻访谈等，让学生可以直观地感受现场口译的氛围，了解不同场合对口译的要求，以及译员的翻译技巧、语音语调、现场反应等。笔译实践板块包括基本翻译技巧训练素材库、翻译资格水平考试习题库、应用翻译库。基本技巧训练着重翻译基本功，主要是基础翻译的讲解和示例，包括词语翻译（词语的选择、转译、增减译等）、句子翻译（正反译、语序调整、比较句的翻译等）、篇章翻译（连接、段落处理等）。翻译资格水平考试习题库提供全国翻译专业水平考试练习题，使学生了解考试的题型和难度，并通过练习和对照参考译文，有针对性地进行提高。应用翻译提供各种应用翻译用词、句型以及篇章的特点讲解和示例，包括旅游翻译、新闻翻译、法律翻译等。

2. 翻译知识库。翻译知识库由翻译理论模块、口译模块和名作鉴赏三部分组成。翻译理论模块旨在向学生介绍翻译基本理论，如翻译性质、翻译标准、英汉语言文化差异对比等，这是英语专业本科翻译教学的基本内容。一些国内外翻译新论由于受课堂容量的限制，可以通过网络介绍给学生，如文化翻译理论、语料库翻译研究等，增强学生翻译知识和翻译理论的系统性、科学性和应用性，同时也能因材施教，满足不同层次学生对翻译理论学习的需求（段自力，2008：46）。口译模块向学生介绍口译基本理论，注重实战训练方法的介绍，包括交传训练法、笔记训练法等。为让学生有更直观的认识，还可以配备相关的教学视频，让学生通过实际口译情景加深相关技能的掌握，包括译员扮演的角色、公众演讲、口译笔记等。名作鉴赏部分为学生提供翻译佳作，在英译汉方面，选一些名家名著，如杨必的《名利场》。汉译英方面选取许地山的《落花生》等名家的翻译。在介绍名家背景同时，从选词、造句等方面分析名家的翻译方法和特点，引领学生体悟名家在理解和表达具体的词，以及处理段落关系时所采用的方法，达到提高学生翻译水平的目的。

3. 翻译技能自测。翻译技能自测部分旨在通过自测，检验学生翻译理论和实践的掌握程度。从笔译讲，可通过设置主客观两种题，检验学生对翻译理论的了解程度以及实践水平。客观题包括选择正确译文、判断题、翻译理论填空题；主观题包括译文赏析、改错、短语和句子翻译。学生提交后可以由系统判断客观题，主观题部分会提供参考译文，供学生对比。从口译来讲，主要通过播放视频来自我检测。我们将试题划为低、中、高三个等级供不同水平的学生自选，学生可自行点击视频测试，听完朗读后自我口译，然后对照参考译文进行检测对比。

4. 交流园地。交流园地板块旨在为教师与学生以及学生之间提供讨论、答疑以及协作学习的园地，包括作业交流区、师生交流区和资料交流区三部分。作业交流区中，学生可上传教师布置的作业，然后安排部分学生评议、打分，并提出问题和修改意见，最后由教师给出总结和指导意见。师生交流区提供教师与学生交流的平台，可用于答疑，也可便于学生之间交流，分享学习经验。资料交流区主要用于共享各种文本、视频和音频形式的资料，交流各种翻译考试信息以及考研信息，满足学生不同层次的需要。

5. 资源链接。资源链接提供各种网络信息资源的链接。目前可使用的资源如在线词典：词霸搜索、华建多语词典等；翻译论坛，如中国翻译网、翻译中国的翻译论坛；政府机关门户网站，如中华人民共和国政府网站、中国外交部网站等。除此之外，知名企业网站、高校网站等都有中英文版本，这些网站内容全面，翻译错误少，水平也高，同样可以提高翻译水平。

三、口笔译专题学习网站的应用

口笔译专题学习网站是基于建构主义理论的指导，网站的应用既可以为课堂教学提供延伸和补充，也可以用于自主学习。

1. 课堂教学模式

本学习网站和翻译教学可以通过多种途径达到整合补充的作用，主要依靠课堂活动的安排来进行。

第一步："引入"，即有目的地深化复习课堂学过的内容。口译课上，我们经常安排学生两人一组，一学生按事先从网站上下载的材料进行发言，另一个学生担任口译员。另外，也采取模拟国务院新闻发布会的方式练习，主题内容来自网站视频。模拟过程是将学生分成两组，一组做新闻发言人，另一组做提问的记者，并为每组学生配备数名口译员，为提问的记者和新闻发言人做口头翻译。这种训练过程，一方面能检验学生自我学习的质量，另一方面能加深学生对所学知识的掌握。活动结束后，教师和学生会对口译过程存在的问题进行点评，进一步帮助学生克服缺点。笔译课上，教师将学生在网络上的翻译实践和讨论拿到课堂上再进行讨论。在这个过程中，教师的作用是将翻译精华和讨论集中的问题予以展示，并设置问题分析文本，引导学生思考艰深词汇以及复杂句子结构的转换。

第二步："输入"，即学生对文字和视频内容信息的整体接收。笔译课上，提供名家的翻译作品供学生赏鉴。一般以小组为单位，要求学生从翻译风格、翻译技巧运用等方面进行分析讨论，这样不仅可以学习高明译者的翻译，同时也能将学习网站上的分析方法运用到实际赏析中，做到一举两得。口译课上，活动种类也有许多，包括：（1）整段放像。让学生观看一段口译的整个视频，对内容有整体了解，为练习做准备。（2）为视频口译。教师可以在视频进行口译时关闭声音，要求学生进行口译，然后可以与译员的翻译作对比，找出差距和不足。（3）分段放像。教师可以穿插讲解译员口译所运用的技巧、语音语调的变化、应变方法等。

第三步："输出"，即把新旧内容相结合，在语言实践活动中灵活运用。例如，笔译课上，要求学生做口头陈述，分析课外阅读的名家名译，一方面能拓展学习翻译的范围，另一方面也能充分调动学生自主学习的能力，让他们通过分析词句的意义和语用含义，总结名家翻译的优点和翻译技巧。口译课上，要求学生仿照国务院新闻发布会的模式，自己编排设计发布会，内容可围绕新闻热点、国计民生等，由学生自己进行口译。在训练过程中，基础不好、心理素质不过硬的学生往往会表现出种种问题，通过对练习进行录像，然后在大屏幕上放映，让师生共同点评。

2. 自主学习模式

口笔译专题网站还可以应用于自主学习模式。任务布置：教师分析课堂教学目标，按教学进展来设计布置任务，引导学生主动探索学习，提高自主探究能力。自主建构：学生根据教师布置的任务，借助口笔译网站的资源开展自主学习，通过完成学习任务进行网上自我评价。例如，从翻译实践资源库，可以进行词语转译的学习，自由选择口译视听材料。在整个学习过程中，教师通过让学生提交作业的方式等对他们的学习情况进行监控，对学生的问题通过交流园地板块进行辅导，促进学习过程。协作学习：学生在自主学习过程中遇到问题，通过邮件、论坛等实现教师与学生之间以及生生之间的讨论和交流。这既可以减轻教师的教学负担，又可以激发学生的学习热情。效果评价：教师安排学生把自主学习的成果上传到网站中，由老师和学生共同进行评价。最后由教师作点评总结。

四、网站设计和应用效果评估

为了对口笔译学习网站的设计与应用效果进行评估，笔者对任课的班级进行了问卷调查（63 人）。问卷内容主要包括：网站内容设计、课堂活动设计、自主学习效果等。

关于网站内容的设计，主要从两个方面来评估：（1）网站是否能满足学生的学习要求；（2）对各板块功能评分（参见表 1）。

表 1　网站内容的设计

问题	能	基本能	不能	不清楚
1	28.9%	60.2%	2.7%	8.2%

问题	实践资源库	翻译知识库	技能自测	交流园地	资源链接
2	88.1	82.4	79.5	72.6	80.6

　　根据表 1 的统计显示，学生对网站内容的整体设计是比较满意的，网站内容基本能满足学习需要的比例高达 89.1%，这在一定程度说明网站的内容基本上符合学生的翻译学习要求。

　　关于网站应用效果的评估主要包括三个方面：（3）学生对课堂活动满意度；（4）对网络讨论满意度；（5）对自主学习安排满意度（参见表 2）。

表 2　网站应用效果

问题	很满意	满意	不太满意	不满意
3	27.4%	64.6%	1.9%	6.1%
4	5.8%	33.6%	50.4%	10.2%
5	6.8%	45.4%	25.6%	22.2%

　　从表 2 显示的情况看，学生对课堂活动安排的满意度较高，很满意和满意的总和达到了 92%。这表明，基于网络资源的课堂活动的补充得到大多数学生的认可。学生对网络互动并不十分满意，不太满意和不满意的总和达到了 60.6%，这也可以从学生的主评价中得到印证，教师答疑及时，但互动总体频率不高，学生协作学习效果不明显。对自主学习的安排，学生的满意度尚可，说明网站设计是符合自主学习要求的。

　　关于网站的作用主要从四个方面看：（1）网络互动能否解决学习的问题？（2）名作赏析能否提高鉴赏能力？（3）作业上传网站能否让学生更重视质量？（4）网站资源能否帮助学生较大程度提高翻译水平？

　　从问卷的情况分析看，有 65.5% 的学生认为网络互动基本能解决翻译中的问题，但仍有 34.5% 的学生认为不能或说不清楚，结果和主观评价是相符的，学生普遍认为生生之间的网络互动不十分充分，有的译文上传后没有积极的反响。64.1% 的学生认为名作赏析模块对提高鉴赏能力有帮助，从主观评价中也可以看出，学生更多地对实践资源更感兴趣。79.1%的学生认为作业上传网站促使他们更重视翻译质量。而对于网络学习资源的总体评价，学生给予了较好的肯定，认为基本能提高翻译水平的达到77.1%，这也符合本网站的建立目的。

总之，口笔译学习网站利用信息技术的翻译教学系统，不仅包含丰富的口笔译资源，同时为教师有效地指导学生进行自主和协作学习提供了一个动态的、有利的实施环境。网站的应用有利于深化翻译教学内容，改革教学方法，它突破了传统教学模式，将翻译理论、实践、测试等内容有机结合，赋予了学生更自由、更具个性化的学习空间。通过教师与学生以及学生之间的互动，帮助学生提高了思考能力。同时，学生间的互助学习也在一定程度上减轻了教师的工作压力。因此，口笔译学习网站为学生自主学习、协作交流和系统评价提供了条件，延伸了翻译课堂教学，实现了信息技术与课堂教学的融合。

参考文献

1. 王东，张新华.大学英语写作专题网站的教学系统设计[J]. 外语电化教学，2004（3）.

2. 韩少杰，周可欣. 英语新闻听力网络教学系统设计与应用研究[J]. 外语电化教学，2006（6）.

3. 段自力. 网络辅助课程与翻译教学整合实证研究[J]. 中国翻译，2008（2）.

4. 郭红. 计算机辅助翻译教学的一种尝试[J]. 外语界，2004（5）.

5. 何克抗. 建构主义革新传统教学的理论基础[J]. 电化教育研究，1997（3）.

6. 贺莺. 网络论坛与笔译实践教学研究[J]. 中国翻译，2007（6）.

7. 蒋丽萍. 基于英语专题学习网站的大学英语自主学习模式研究[J]. 外语与外语教学，2006（3）.

8. 李孟华. 计算机网络环境下大学英语教学模式的优势及应用[J]. 外语电化教学，2007（1）.

9. 田艳. 现代信息技术与翻译教学及培训[J]. 中国科技翻译，2002（3）.

10. 杨柳. 信息化翻译教学的图景[J]. 外语与外语教学，2005（11）.

语料库在翻译教学中的应用

摘要：本文研究了语料库在翻译教学中的作用。文章分别从词汇搭配、不同文体的选词、判断语义韵搭配以及辨析同义词等四个方面阐述了语料库在翻译教学和翻译学习中的作用。

关键词：语料库翻译教学

一、引言

随着社会的进步与发展，传统的英语教学模式已经不能满足语言习得者对高效率学习的要求，这使得对有效教学手段的需求更加迫切。伴随着计算机技术的迅猛发展，语料库在语言学基础和应用研究中发挥越来越重要的作用。基于语料库的语言教学为提高外语教学的效率提供了一条新的可行道路。

二、文献综述

已经有研究者运用语料库对翻译理论和翻译教学进行了研究。王克非运用通用汉英平行语料库探讨了其在翻译教学中的应用价值，认为该种语料库对于翻译教学是有用的参考工具或工作平台（王克非，2004：27）。黎士旺分析了基于语料库的翻译教学模式在当代教学实践中所具有的现实意义，并提出了可行性方案（黎士旺，2007：46）。肖维青结合语料库在翻译教学和翻译批评方面的应用成果,对语料库的应用翻译研究做一个概述性的介绍,拓展了翻译研究的新视野（肖维青，2007：24）。本文将探索语料库在翻译教学，特别是汉译英教学实践中的应用价值。

三、语料库与翻译教学

翻译语料库作为一种资源对翻译教学有很大的促进作用，可利用它获得丰富的教学资料，获得并证实译文模式和翻译知识，使学习者更具专业性。翻译语料库主要由平行语料库和可比语料库构成。平行语料库收集的是某种语言的原创文本和翻译成另一种文字的文本。教师可以通过平行语料库来对比两种文字的文本在词汇、句子和文体上的差异，总结语言翻译中的特征，探究翻译中译本差异产生的原因。作为大型的实证工具，平行翻译语料库成为翻译教学中的有力武器。语料库提供的例证更丰富、更直观、更具体，便于发挥学生的主观能动性，通过大量的对比和比较使学生掌握翻译的技巧。在理论研究上，此类语料库能通过客观统计揭示翻译规律；在实践上，能随时根据需要提供大量素材，能为翻译教学提供广阔的工作平台。

四、平行语料库在汉译英教学中的应用

在汉译英中，由于汉英两种语言的差异，译者会不自觉地受到来自母语文化表达方式的干扰。译文中经常出现一些从语言角度来看似乎没什么问题，却不为英美人所接受的词语搭配组合方式。借助语料库，我们可以检验英语表达是否地道。由于语料库为学习者提供了大量真实、自然的语言材料，我们可以将其成果应用到翻译教学中来帮助学习者克服中式英语，提高翻译能力。

1. 检验搭配组合是否恰当

搭配错误是翻译和写作中最常见的一类错误。传统的翻译理论常常将之归罪于译者的"死译"，或者译者拘泥于原文字面的翻译。事实上除了翻译方法不当外，最重要的是学习者在运用外语时受母语的影响很大。如在汉语中，"掌握知识""学习知识"的搭配都是合适的，符合汉语的搭配习惯。但是，如果直接搬到英语中去，grasp knowledge、study knowledge 这样的搭配并不存在，因而也难为英美人所接受。由于英语作为外语后天习得，大部分都是靠学习者对单词意义的记忆，而不是靠掌握词语的典型搭配意义而获得的，因而翻译中经常出现一些语法正确，词语组合却难以为讲英语的英美人所接受、认可（马会娟，2004）。搭配知识对地道英语来说极其重要，在翻译教学中引入索引工具对学生搭配能力的提高是大有益处的。语料库索引能为我们提供真实可靠的语境信息，使教师和学生能在真实的语言应用中验证翻译练习中所使用的搭配是否地道。如在翻译练习中，学生将"犯错"译为 commit a mistake，教师指出这是错误的，这可以通过语料库来检验。我们可以从在线语料库（http://www.lextutor.ca/concordancers/concord_e.htm）中提取有关 commit 一词的词语索引，即：

1 ago we'd decided, in Maxine Wells's pad on Cosmo, to commit a trial murder. It had

2 ld view, the individual may find it possible, say, to commit adultery not

3 ng, where officers who wear sidearms are manning the "commit buttons" that could

4 ird one intact for tomorrow. Also our plans for me to commit Charlie's murder

5 h mere power and abandonment and the unwillingness to commit death in life some 6 e most penny-wise, pound-foolish chisel

a   builder can <u>commit</u>.   Green lumber was

7 lans   for me to commit Charlie's murder and for him to <u>commit</u> mine. But we were

8 rly a "nut". It required strength，bravado，daring to <u>commit</u> murder. "That worm

9 val and the Renaissance there；we do not even need to <u>commit</u> ourselves to

10 SIN AS A HABIT._ Whoever is born of God does not <u>commit</u> sin [That is，he does

11 pair. If such a paragon of perfection as Palmer could <u>commit</u> such a scoring.

12 his razor. "Sister"，said he "do you think people who <u>commit</u>suicide go to

13 clouded and he suddenly blurted; "Why did my brother <u>commit</u> suicide? " I

14 persuaded to take the necessary steps to allocate and <u>commit</u> their own resources.

15 a right to a clear idea of what such a program would <u>commit</u> them to. The

16 m the ranks of professional historians and led him to <u>commit</u> time and time again

17 claimed not only that Green did not <u>commit</u> the crime but that the body was not

18 is dead，that the detective didn't <u>commit</u> the crime，that the person who

从上面的例子我们可以看出，commit 一词的主要搭配词包括 crime、suicide、murder 等，但没有一次与 a mistake 搭配，可见 commit a mistake 并不是一个典型地道的英语搭配。从以上例证可以看出，语料库的检索方式对学生掌握地道的搭配组合、强化典型表达记忆、提高翻译能力、培养自主学习等都很有帮助。

2. 掌握不同文体中词汇的翻译

不同文体对同一个汉语词汇的表达会有所区别。语料库提供大量来自不同文体的语例，可以让学生了解在不同的文体中如何选择适合语境的词汇表达。以"预示"为例，这个词汇在文学、新闻、科技等不同文体中可对应不同的英语对等词。通过检索在线平行语料库中英双语在线（CEO）（http：//www.fleric.org.cn/ceo/index1.html）和 www.luweixmu.com/ec-corpus/query.asp，可总结"预示"的几个不同翻译方法。

e.g. Opinion polls forecast a conservative landslide.

译文：民意测验预示保守党有获得压倒性多数票的可能。（新闻）

e.g. They promise a future world of radical advances not just in consumer electronics but in manufacturing and medicine and even in the nation's mighty auto industry.

译文：它们预示着一个高度发达的未来世界。这种发达不仅表现在电子消费品方面，而且表现在制造业、医学以及该国强大的汽车工业方面。（科技）

e.g. Small group of poets and writers ushered in the dawn of the romantic era in literature.

译文：少部分诗人和作家预示了文学浪漫派时代的开始。（文学）

3. 判断语义韵搭配

语义韵是一种特殊的词语搭配现象。在语义韵中，所研究的关键词项总是习惯性吸引某一类具有相同或相似语义特点的词项并与之构成搭配，其语义相互感染，相互渗透，整个跨距内因此弥漫了一种语义氛围。语义韵研究对汉译英教学有着重要的启示和意义。语义韵的发现揭示了"搭配和谐"这一重要的语义原则。"一旦词项发展起自己的语义韵，一定的语义氛围也就随之产生。位于节点词（即所研究的关键词项）语境里的各词项都必须符合语义韵的要求，与整个语义氛围和谐……与语义氛围冲突的词将被排斥在语境之外，除非是为了创造一定的修辞效果"（杨惠中，2002：56）。

卫乃兴（2002）通过检索 cause 在 JDEST（上海交大科技英语语料库）中的索引行发现这一词在本族语中具有强烈的消极语义韵，在跨距中出现的都是一些消极含义的搭配词，例如，errors、intense guilt、breakage、irritation、problems、grief、noise、even greater damage、fatigue damage 等，这些词表示疾病、事故、坏心情等，因此这些词形成了浓重的消极氛围。那些积极含义的词项，例如，cause of development、cause of progress 都是异常搭配，会造成语义韵冲突。所以，如果将汉语里常见的词组组合"成功的原因""取得进步的原因"直译为 the cause of success、the cause of progress，则完全违反了 cause 一词的典型搭配行为，破坏了其一般的消极语义韵（杨惠中，2002：89）。这种译法自然也就不可能是英美人士所认可的好的英语。同样，如果译者认识到 happen 一词具有消极语义韵，take place 具有中性语义韵（如其主语为 event、meeting、transaction、discussion 等），那么他们在翻译时就不会把二者当作同义词来不加区分地使用。

4. 辨析同义词

翻译中译者常常需要辨析一些同义词，这时需要借助词典或者是经验。虽然词典上有词义的解释，但主要是搭配和语法方面，在语体方面较少说明，例句也不多，所以依靠词典仍然无法分辨出差异。语料库语言学和计算机语言学的迅猛发展，为同义词辨析提供了丰富真实的语料。利用语料库检索我们可以较快地了解到同义词在语法结构和搭配上的差异，又由于现在语料库的语料来源较广，有口语和书面语，书面语又分小说、杂志、报纸、学术文章等，使检索同义词在不同语域的分布特征成为可能。

五、结语

　　语料库和检索工具对翻译教学有很大的促进作用，基于语料库数据驱动的语义研究为翻译教学提供了很好的思路和启示，它在帮助学生掌握词汇搭配、学习各文体中词汇选择、了解语义韵搭配以及辨析同义词等方面是其他教科书和工具书所不能比拟的。可以预见，语料库在翻译教学上有广阔的使用前景和潜在的开发价值。

参考文献

1. 桂诗春，杨惠中. 中国学习者英语语料库[M]. 上海：上海外语教育出版社，2003.

2. 黎士旺. 语料库与翻译教学[J]. 中国科技翻译，2007（3）.

3. 马会娟. 语料库在汉译英教学中的应用[A]. 北京外国语大学 2005 网络会议论文，2005.

4. 王克非. 双语平行语料库在翻译教学上的用途[J]. 外语电化教学，2004（12）.

5. 卫乃兴. 语义韵研究的一般方法[J]. 外语教学与研究，2002（7）.

6. 卫乃兴. 基于语料库学生英语中的语义韵对比研究[J]. 外语学刊，2006（5）.

7. 肖维青. 平行语料库与应用翻译研究[J]. 中国科技翻译，2007（3）.

8. 杨惠中. 语料库语言学导论[M]. 上海：上海外语教育出版社，2002.

以就业为导向的实用翻译人才培养模式探究

摘要：社会经济发展对翻译人才和翻译教学提出了更高的要求，而传统翻译教学存在效率低、内容不实用、教材内容单一以及实习机会稀少等问题。本文针对社会对实用翻译人才的要求，提出以就业为导向的实用翻译人才培养模式，从构建完整的培养计划，编写以职业能力为核心的教材，实践基于工作过程的教学模式以及建立科学的考评方式等方面提出了实用翻译人才培养的具体措施。

关键词：以就业为导向　翻译人才　培养模式

一、引言

随着中国加入世界贸易组织，在全球化背景下的新世纪，我国与其他国家和地区的对外交流活动日益增多。各种实用文体的翻译在翻译实践中所占比例越来越大。据有关方面统计，译者中单纯从事文学翻译的仅占 4%，绝大多数译者面对的是实用翻译。当前，我们面临的问题是，一方面，市场对实用翻译需求极大；另一方面，合格的实用翻译人才严重匮乏，翻译质量远不能满足市场需要，在不少方面确有改革的必要。在翻译院系如雨后春笋般建立的今天，探讨一种以就业为导向，适应社会实际需求的实用翻译教学模式已成为当务之急。

二、传统翻译教学模式存在的问题

由于近年来高校的扩招，翻译师资缺乏，同时传统的翻译教学模式的不足日益彰显。主要表现在以下几个方面：

1. 教学模式效率低下

传统翻译教学模式一般是采取"一讲一练一评"的教学方式。教师在课堂上主要讲授翻译理论与技巧，学生课后根据这些理论和技巧做翻译练习；之后，教师把学生的练习收上来集中评阅，完成评阅后发回给学生，再在课堂上集中讲评。这种方式的缺点就是费时长、周期长、效率低。教学模式局限在课堂教学，仅仅重视外语技能水平的提高而忽视了实用专业知识的积累，与社会需求有很大的差距

2. 课程内容设置偏重文学翻译

长期以来，我国高等院校外语专业的翻译教学只重视文学翻译。一些教师更是认为文学翻译学好了，其他翻译也自然不成问题。在这种思想的指导下，课堂翻译教学材料多取材于文学著作，翻译知识、翻译技巧也多围绕文学方面进行，这和实用翻译教学的要求有很大区别。通过我校近几年毕业生的实际情况来看，学生毕业后从事的翻译工作多与机械、金融、建筑等专业性较强的领域有关，实际翻译的问题五花八门，难以应付。企业对单一以外语为专业的人才需求急剧下降。

3. 教师知识结构单一，教材缺乏针对性，没有体现岗位要求

多年来，外语专业毕业生的劣势之一就是懂外语的不懂专业，懂专业的不懂外语，这种情况导致现今高校的翻译教师队伍知识结构的单一化，教师较少考虑到课程内容对学生的适用性，对专业知识很难讲深讲透，缺乏相关的实际翻译经验，影响了学生的学习效果。另一方面，高质量的实用翻译教材是完成实用翻译教学的基础，但目前的教材没有充分体现学生在将来的职业岗位中的不同需求，教学没有真正地同未来职业能力、就业需求联系起来。

4. 校企合作困难，固定实习地点稀少

我们培养的翻译人才直接对应的就业企业大多集中在外资、外贸、翻译公司等类型的企业中。由于缺乏相应政策的支持，处在市场经济体制下以营利为目的的企业，在没有自身利益的前提下很难真正支持并持续地参与学校的人才培养，这就使得学生难以获得较多的翻译实践的机会，无法加深对翻译职业的认知，从而达到提升翻译工作兴趣的目的。

三、培养以就业为导向的实用翻译人才的教学理念和目标

培养适应市场需求的实用翻译人才要求教学应走出传统翻译教学的误区，创建以就业为导向的教学模式，以学生就业岗位所需要的综合能力和职业能力为目标，采用科学的培养模式，将教育与实践相结合，积极寻求校企合作，提高学生综合能力，培养具备就业岗位所要求的应用型人才，以就业为导向的实用翻译教学模式是翻译教育理念指导下形成的教学模式。

21 世纪的翻译事业将会迅速走向现代化、信息化、科学化、社会化和国际化。翻译人才不仅应有较高的双语能力、双文化能力，还要了解翻译的行业特点、职业要求，成为实用型复合人才。因此，该模式教学目标主要体现在：首先，向学生传授基本的翻译理论和技巧，并结合大量的实践训练，培养学生的翻译能力，提高学生的英语综合运用能力，并使学生能够胜任各类实用文体的翻译；其次，扩大学生各个领域的知识面，加强实用文体专业知识的补充，以求能在未来的翻译实践活动中较为准确、完整、流畅地进行英汉对译。将上述两个目标结合起来就是实用翻译教学的基本目标。

四、构建以就业为导向的实用翻译人才培养模式

1. 构建合理的教育模块，形成系统完整的培养计划

合理的课程体系设计是教育思想、教育理念的体现，它规定了人才培养的目标和规格，只有开展需求分析，制定与学生就业、与社会需要相结合的课程体系，才能培养出社会需要的人才。课程安排重视科目的系统性与完整性，课程前期应着重做好语言技能的训练、实用翻译基本理论的传授和实用翻译基本技能的培养，后期侧重培养综合翻译能力。基本原则是在翻译通才的基础上体现口、笔译的专才品质。为此，可采用核心课、必修课、选修课和翻译实践四个模块。核心课程包括与听、说、读、写、译相关的英语基础课程，旨在打好学生的语言基本功，为培养翻译实践能力奠定坚实的基础；必修课程包括口译、交替传译、高级口译、同声传译、法律翻译、科技翻译、商务翻译等旨在提高学生综合翻译能力的实用课程；选修课包括翻译简史、翻译批评、中外语言比较、跨文化交际等旨在提高学生汉语修养、夯实理论基础的课程。同时，高校可根据现有师资情况开设实用翻译所涉及的专业课程，如开设国际经济法，让学生了解掌握国际国内商事争议、域名争议、证券争议等仲裁解决方式；旅游文化、旅游经济学等课程的开设会让学生了解世界各地的旅游景点景区、旅游常识、旅游资源开发与利用等知识；开设外贸商务谈判，让学生熟悉掌握对外贸易理论、实务、国际营销、金融等方面的基础理论和业务知识，以培养学生较强的谈判素质和较高的英语谈判口语能力；还可开设传媒、广告设计等课程，让学生了解传媒形式、掌握广告术语等；翻译实践模块下，学校可根据实际情况为学生创造实践条件，如建立了模拟翻译工作室，把商务谈判、国际会议等场景引入课堂，使学生熟悉工作后将要扮演的角色，或利用社会资

源，增加学生在校期间的社会实践机会，如参加当地交易会、国际赛事、招商引资等活动，使他们尽早适应工作需要。通过四个模块的相互作用，形成了一个特色鲜明、体系完整的课程方阵。以核心必修课程为重点，以专业技能课程作支持，以全方位的素质教育为基础，以参与性、职业化培养为特点，从而形成了一个具有本专业特色的"层次—模块"化课程结构的培养计划。

2. 以职业能力为核心编写以就业为导向的实用翻译教材

翻译教材建设的滞后在一定程度上已经影响和制约了翻译人才的培养，以就业为导向的教育模式要强调实用性和职业性，体现在教材上就应该能满足学生未来的职业需求，以提高学生实际翻译能力为宗旨。首先，教材应充分体现层级性、系统性，将职业技能培养的初、中、高级过程以及翻译知识的综合性要素包含在教材设计中，以"层次化、系统化、对象化、实用化、立体化"的方式开发翻译教材。其次，应克服教材中的知识老化现象，在题材、体裁上尽可能多样化。整体内容覆盖了从理论到实践，从笔译到口译，从外事翻译到政论翻译、法律翻译、新闻翻译、科技翻译等多学科内容；在体裁设计上包含新闻、广告、政府公文、发言稿、合同、法律条文等实用文体。编写教材时体现创新性，结合最新教学手段，开发立体的教材包，呈现多层次、多视角和高品位的职业特色。最后，翻译实践教材应充分体现语境的作用，体现真实性和职业性。翻译专业的实践训练应超越机械的技巧练习，充分考虑未来职业的真实性原则，提供更广泛的文本语境，从注重学生将来可能从事的工作领域、工作地点、工作用语、专业词汇等方面出发，紧密结合学生的认知水平、学习实际，编写一些活页教材，随时将新鲜、真实、富有职业特色的语料编写进去。

3. 实践基于工作过程的实用翻译教学模式

所谓工作过程，是指在企业里为完成一件工作任务并获得工作成果而进行的一个完整的工作程序。以就业为导向的课程的实质就是要通过模拟工作过程，使学生能够体验到真实的翻译工作环境，能够将理论知识应用到实践中，加强对翻译职业的体验和理解，获得基本的翻译职场能力。为培养实用翻译人才，高校应明确翻译学习目标，根据业务工作和生活场景划分为几个具体工作过程，再根据完成这些工作过程需要的岗位能力，开设相应的课程和教学单元。这种基于工作过程所要求的能力来设置课程并选择教学内容，有利于学生熟悉并了解对未来从事的翻译职业活动所需要的技能与经验。

在教学中，教师可创造职业情境，情境的设置要贴近实际，易于实现；情境具有典型的工作任务性，目标明确，且容易理解，符合经验。例如，口译课堂上可选择紧扣当今商务行政和国际贸易活动的某一方面，设置模拟的商务交际情境、商务会谈、来访等，把学生分为三人一组，指定学生分别扮演不同的角色，进行实境模拟口译练习，并由教师及学生及时进行现场点评，使学生的口译技能和素养都能得到大幅度的提高，锻炼学生的双语使用能力。另外，高校也可根据地区优势，充分利用校内外的各种资源，如地区性国际会议、国际赛事创造条件让学生参加一些外事接待任务；通过与政府部门、外企及会展公司合作，让学生参与陪同口译及难度相对小的交传口译任务。

通过模拟工作过程，学生可以掌握翻译技巧，增加翻译经验，提高职业素养，也更容易激发学生学习翻译的兴趣。这种基于工作过程的教学模式提高了学生对未来职业的了解，对社会的认识，使其更客观定位自己未来的职业，从而增强适应翻译行业的综合能力，有利于实现翻译人才的培养目标。

4. 建立科学的考评方法

考试是对学生某方面所掌握的技能、知识和素质进行测量和评价的教学活动。考试更为重要的一个作用就是可以检测学生知识和能力的掌握程度，给学生提供改进学习的信息，给教师提供调整和改进教学的信息，引导教学的发展方向，对人才培养和教育教学具有评定、选拔、诊断、反馈、预测和激励等多种功能。基于以上的认识，在以就业为导向的实用翻译人才培养过程中，应采用科学系统的考核方式，由多种考核方式构成，按需设定多次考核综合评定成绩，其特点是：

1. 提高平时成绩所占的比例，加大平时考核的力度，可以将各门课程的平时成绩设定为总成绩的 50%～60%，以督促学生重视日常的学习内容。考核内容可以包括学习态度、课堂表现、作业完成情况等。

2. 采取多种方式进行考核，对学生能力进行全面评估和测试。教学中，可以对多门课程采用不同的方法进行考核。例如，开闭卷考试、口试、演讲、成果答辩、提交学期论文等方式。这样，既可以达到综合考核学生学习的目的，又可以避免一次考试失误导致的不科学的评价，鼓励学生不断前进。

3. 考试时间和地点根据内容设定。例如，一般笔试可以在教室中进行；口试则可以按工作情境来设定，考察学生的反应力和口头翻译能力；平时的作业或当堂完成，或在规定时间内提交等。

五、结语

翻译就业市场的需要，要求我们要采取灵活多样的教学模式。构建以就业为导向的实用翻译人才培养模式，就是要紧密结合专业的特点，充分考虑学生毕业后可能从事的实际工作，创建科学系统的教学方式，注重提高学生实际的翻译水平，以培养职业译员为目标。总之，翻译教学要考虑就业市场及社会发展的需要，与时俱进，及时更新教学内容，改进教学模式，为培养社会需要的复合型及专业性翻译人才而服务。

参考文献

1. 王银泉. 以市场为导向的翻译人才培养模式探微[J]. 外语界，2008（2）.

2. 张燕清. 翻译教学改革：培养实用型人才[J]. 疯狂英语，2007（4）.

3. 余琳. 构建以就业为导向的高职英语教育模式[J]. 武汉船舶职业技术学院学报，2010（1）.

4. 于丽艳. 谈培养复合型英语翻译人才的重要性[J]. 继续教育研究，2010（5）.

5. 何克抗. 建构主义革新传统教学的理论基础[J]. 电化教育研究，1997（3）.

先看后译—— 一项关于实用翻译教学的实证研究

摘要：文章分析了传统实用翻译教学的现状，提出了在"功能目的论"和"看易写"以及"模仿—借用—创新"等理念支持下，实施"先看后译"的教学方法。通过一项教学实验，本文从翻译速度、选词、句子结构等方面分析比较了实验班和对照班的译文结果，从而证明了"先看后译"方法的有效性。

关键词：实用翻译教学　功能目的论　选词　句子结构　先看后译

一、引言

随着中国加入世界贸易组织，在经济全球化的背景下，我国与其他国家和地区的交流活动日益增多，各种实用文体的翻译在翻译实践中所占比例越来越大。据有关方面统计，译者中单纯从事文学翻译的仅占 4%，绝大多数译者面对的是实用翻译（陈小慰，2006：1）。当前，我们面临的问题是，一方面，市场对实用翻译需求极大；另一方面，合格的实用翻译人才严重匮乏，翻译质量远不能满足市场需要。在翻译院系如雨后春笋般建立的今天，探讨一种适应社会实际需求的实用翻译教学模式已成为当务之急。

1. 传统翻译教学现状

长期以来，我国高等院校外语专业的翻译教学只重视文学翻译，一些教师更是认为文学翻译学好了，其他翻译也自然不成问题。在这种思想的指导下，课堂翻译教学材料多取材于文学方面，翻译知识、翻译技巧也多围绕文学方面进行，这和实用翻译教学的要求有很大区别。首先，实用翻译所涉及的文本包罗万象，各有自己的语域、文体、语用特点，受到文本类型（text type）、文本规范（genre convention）的制约（陈刚，2008：13），因此具有较强的专业性，其教学的关键在于帮助学生学会了解同一类语篇在汉英语境中各自的独特表现方式和句法结构，即约定俗成的语篇表达方法，并在译语中套用译语的习见模式，实现译文预期功能（陈小慰，2006：3）。其次，文学翻译注重译者的文学才能和艺术敏感，重在对文字的体会与推敲，而实用翻译则注重语篇的功能和交际目的。因此，实用翻译多根据翻译的目的和具体情况，采用改译、编译等变译技巧，而不采用绝大多数文学翻译的全译法。可见，传统翻译教学模式并不适用于实用翻译教学要求，基于以上情况，在相关翻译理论和原则指导下，我们提出"先看后译"的模式进行实用翻译教学，并通过一个实证研究证明其有效性。

二、理论基础

1."功能目的论"对实用翻译的指导作用

功能目的论认为，翻译方法和翻译策略必须由译文预期目的或功能决定。译者在整个翻译过程中的参照系不应是"对等"翻译理论所注重的原文及其功能，而应是译文在译语文化环境中预期达到的一种或几种交际功能（Nord，2001：39）。该理论同时还强调"忠实"，即"功能+忠实"。根据诺德（Nord）的观点，"忠实"不仅意味着忠实传达原文内容、异国文化色彩和语体风格，还包括在分析原文基础上，为实现译文预期功能所进行的必要调整，如删节和改写。译者应在分析原文基础上，使译文在译语语境中"具有意义"，即被译语语言文化系统所接受，并达到与语篇类型和功能相一致的得体性（Nord，1992：23）。可见，功能目的论强调目的至上的原则，突出文本的功能与文类规范，对我们实用翻译实践和研究具有很好的指导意义和借鉴作用（陈刚，2008：33）。我国学者方梦之也认为"功能目的论对实用翻译有一定的指导意义"（方梦之，2003：49）。

2. 从"看易写"到"模仿—借用—创新"

对于实用文体的翻译原则，林克难（2003：10～12）提出"看易写"的原则。所谓"看"，就是让译者大量阅读各种各样的实用英语的真实材料（authentic material），可以从英语原版的杂志、报纸、影视节目以及网络上获得这类资料。要对各种不同场合、环境、功能的实用英语积累感性的认识，存储在大脑中备用。"易"就是要求译者仿照同类英语文本的特点、格式甚至措辞去翻译。"写"就是译者根据有关翻译发起人提供的素材，根据英语同类文本，直接用英语撰写。丁衡祁（2006：42～46）提出"模仿—借用—创新"的模式，对"看易写"进行了补充，即英语中如果有现成的对应表达方式，我们就采取"拿来主义"的方式，这在大多数情况下都适用；如果没有类似表达可以参照借鉴时，就采取"嫁接改造"的方式；如果在英语中找不到相同或相近的表达，就须按照英语的习惯和思路进行创译，防止对号入座的机械翻译。可见，"看易写"和"模仿—借用—创新"的原则都同时强调吸收原汁原味的英语表达，按英语同类语篇的语体规范和表达习惯来翻译，实则是对原文的一种重新表达，即实用文体的翻译，其实质是用另一种文字对原作的改写或重写。法国释意派理论也认为：The translation of pragmatic texts is an art of re-expression based on writing techniques（实用性文体的翻译是基于写作技巧上的一种重新表达的艺术）。所谓 re-expression，就是"改写"或"重写"。可见，这与我国学者提出的原则在根本上是一致的。

3. 读与写的相关性

读与写之间是相互促进的，通过大量阅读，可以吸收语言运用知识，积累地道的结构表达，有利于提高写作水平。实用文体翻译过程实质是对原文的改写和重写，自然也遵循以上的规律。交际法理论认为，从语言学习的规律来看，输入是输出的基础，输入的语言材料和语言知识越丰富越有利于提高输出的准确性、流利性和多样性。读是输入，写（包括改写和重写）为输出，输入输出相结合，读可以指导写，写反过来提高读，互为促进。阅读的过程实际是塑造学生好的认知结构的过程，在实用翻译教学中，有意识地让学生阅读英文实用材料就是让他们熟悉在特定语境下重复使用而逐渐定型并相沿成习的语体规范或固定模式，了解遣词造句特征和各自的组篇方式，从而翻译出合乎原文含义，契合文体特征的语篇。

三、研究方法

在以上理论和方法的基础上，我们在河北工业大学 2013～2014 年度对英语专业 011 班和 012 班进行了教学实验。这两个班人数均为 25 人，英语水平相当。两班学生都已进行了一个学期的翻译实践和理论的学习，对于中英思维方式的差异和英汉语言对比有了初步的认识，并已基本掌握了基于词汇、句子和语篇等方面差异的翻译转换技巧。

1. 研究方案设计

本实验选取数段实用文体的汉语文字作为测试材料，其内容涉及商务、旅游、社交文书、企业广告宣传等方面。为了进行教学效果的对比，我们对英语专业 011 班采用传统的教学模式，对 012 班采用基于"先看后译"理念下的教学模式，并进行相关数据的收集。

2. 实验操作过程

对于对照组 011 班，教师课上下发所需翻译段落，简单介绍其中可能用到的翻译技巧，如归化、异化、合并、拆分等，然后让学生在规定时间内，在允许查阅字典的情况下进行独立翻译，最后收集学生作业。实验组英专 012 班的同学在此次翻译测试前四周开始阅读英语实用文体的文章，题材范围广泛，然后自由分组讨论每种文体用词、句式、结构特点以及语篇功能等，最后在课堂上进行和对照组同样方式的测试。

3. 实验数据收集和分析

在对英专 011 班和 012 班实施不同翻译教学模式的基础上，我们对两个班级的翻译情况进行了统计，在所收集上来的学生翻译作业中，经过分析，我们发现在两种不同的教学模式下，译文结果呈现很大的差异。

（1）翻译速度

本次测试共选择 5 篇实用文体，共计 547 字，两组学生的翻译速度差异明显。对照组 011 班（25 人）在规定的 1.5 小时内平均每人翻译了 374 字，而实验组 012 班 （25 人）平均每人翻译了 431 字。从翻译速度的差别可以看出，实验组同学要明显快于对照组，其主要原因是由于所要求翻译的中文段落中的许多语句、字词可以直接套用所阅读过的英语实用文中的原词原句，这样大大节省了查阅字典的时间，进而提高了翻译速度。

（2）选词

两组同学在所选词汇上差异明显，实验组同学所选词汇更准确、更专业，更契合原文的文体特征。例如：

例 1：由"东风"轮运走的最后一批货。

译文：The last batch per S.S. "East Wind".

统计显示，实验班 25 人中，共有 22 人采用商务文本中的专业表达 per S.S.，而对照组未阅读英语实用文本，92%（23 人）的学生翻译为 "…shipped by…" 这一非专业表达。

例 2：拥有雄厚的技术力量。

译文： Boasting tremendous technological strength.

该句摘自一篇广告文体类企业宣传，这类文章选词需富有鼓动性。实验班中 60%的学生选取类似 boast 的鼓动性词汇，而对照班中同学选词仅限于 have、with 等含义平淡的词汇和短语。

例 3：兹证明，李力系我系学生。

译文：This is to certify that Lili is a student of our department.

在此类实用文书的翻译中，实验班的所有学生（25 人）均采用了 this is to certify that…或 It is to certify that…等标准公文词汇来翻译，而对照组只有 5 人（20%）采用英语地道的表达。

例 4：西安秦始皇陵闻名天下。

译文：The tomb of Qin Shihuang（the first emperor in Chinese history who unified China in 221 B.C.，and also built the famous palace E'huang.）is famous throughout China.

该段文字出自旅游宣传文章，在翻译"秦始皇"这一专有人名时，实验班有 20 人（80%）对相关历史信息进行了增补，这和该班之前曾阅读过一篇介绍林则徐的宣传文章有很大关系，而对照班的同学无一对此类知识进行增补。在旅游宣传资料中，涉及人名、地名、朝代等文化内容时，可增加字、词、句对原文做解释，这样做使译文更加符合目标读者的语言习惯，更容易被接受。

（3）句子结构

在句子结构的搭建上，实验班和对照班也呈现较大的差异。主要体现在实验班所选句子结构更符合所译文体特征，句子结构更为灵活。例如：

例 1：请帮我订一张由北京到纽约的飞机票。

译文：I would greatly appreciate your helping me to book a plane ticket for the trip from Beijing to New York.

该句出自一篇经贸书信。此类英语中通常使用 we would appreciate，it would be appreciated that 等类似的套话来表达委婉礼貌的语气。对照班对于上句的翻译几乎都用类似 Please help me book a plane ticket for the trip from Beijing to New York，虽然在语义和语法上都没有问题，但不够礼貌，适合上司对雇员的指示。统计实验班的翻译可以发现，约有 24 人（96%）套用了英文的礼貌措辞，使态度显得更为恳切，更能传递出原文的功能特征。

例 2：兹定于 2013 年 2 月 3 日晚 5 点到 7 点在杭州天马大酒店举行结婚 25 周年庆典，敬请史密斯夫妇届时光临。

托玛斯·玛秀夫妇

译文：Mr. and Mrs. Thomas Matthew request the pleasure of the company of Mr. and Mrs. John Smith on the twenty-fifth anniversary of their marriage on February 3rd，2013 from five till seven o'clock in the evening at Hangzhou Tianma Hotel.

这是一个简单的请柬翻译，但通过对比两班同学的译文，可以很清楚地看出经过"先看后译"教学方法的实验班所有同学（100%）都运用了英语的惯用结构….request the pleasure of one's company….去翻译请柬的关键部分；而对照组所有同学的译文语序是依照汉语原文来安排的。可见，阅读输入使学生熟悉了地道的表达，为翻译打下了基础。

例 3：近年来，康佳"内地—深圳—海外"三点一线的生产经营格局取得了突破性发展，在国内的东北、西北、华南、华东、西南分别建立了五大生产基地。康佳还荣获"中国驰名商标""中国十佳绩优上市公司""中国技术开发实力百强企业""全国质量效益型先进企业"等称号。

译文：Konka Group has made numerous progresses through its mainland-Shenzhen-overseas pattern and has invested a hug sum of money to set up five large production bases around China. It has been granted "National Advanced Quality and Benefit Enterprise" and "National Customer Satisfied Enterprise" for several years.

这是一篇企业宣传类文章，属于"宣传鼓动"或"施加影响"类语篇。英文公司简介等宣传资料简明扼要，直截了当，注重实质信息（陈小慰，2006：110）。因此，译文应以预期功能为出发点，充分考虑英语广告表达习惯和读者的接受习惯，对原文文字和语言结构进行必要的重组、删节或改写，较好地实现该译文信息性加鼓动性的预期功能。两班同学的翻译结果对比发现，实验班同学都对原文进行了不同程度的删减，尤其是诸多荣誉称号的翻译。15 人（60%）未完全翻译出所有称号，只翻译了部分，10人（40%）将内容改写为 Konka won a lot of honorary titles from the government 等类似简明概括的英语表达。关于"东北、西北、华南、华东、西南"等具有中国特色但英语读者不熟悉的地理信息，也有 9 人（36%）进行了删减，这些方法都充分考虑了读者的阅读习惯和接受效果。反观对照组同学，全班 25 人无一人对原文进行任何删减和改写，完全按照原文内容翻译。实验结果呈现如此大的差异，主要原因是实验班同学曾阅读多篇英语企业宣传、说明书等文字，对广告类文体所需实现的功能较为熟悉，才能译出更地道、更有英语味的译文。

四、"先看后译"教学法对实用翻译教学的意义

1. 实验班的译文体现了较好的译文质量，利用英语同类英语文本格式、措辞和固定模式去翻译，译文更符合英语表达习惯，最大限度地实现了预期的功能。

2. 有利于培养学生的语用能力。在实用翻译实践中，语用能力体现在针对属于源语语言和文化所特有的信息，不仅能从字面上对词语、习惯表达方式做语用分析，并给予自然得体的翻译，还要对一些格式固定的语篇类型如证书、海报等根据译语习惯格式进行语用改写处理（陈小慰，2006：67）。通过翻译之前的阅读，学生对英语实用语篇中约定俗成的习惯用语、表达方式以及证书、请柬等有固定格式的语篇得以熟悉和了解，提高了学生翻译的信心，加强了学生的语言运用能力。

3. 有利于拓展翻译课堂教学内容，提高学生自主学习能力。现代教学理念强调遵循以学生为中心的教学原则，提倡给学生更大的自主权和空间。"先看后译"的模式达到延伸课堂空间的目的。同时，教师由知识的传授者、灌输者转变为学生主动建构意义的帮助者、促进者（何克抗，1997：22）。自主化的教学系统向学习者提供与课堂教学相关的大量资源，由作为主体的学生主动建构知识体系，开展自主学习、协作学习。知识不是通过教师的灌输产生，而是自我构建而成，这种模式更符合认知心理，能更好地激发学生的学习热情和兴趣，从而达到提高翻译水平的目的。

4. 本研究的创新之处在于利用"先看后译"的方法进行实用翻译教学，而非传统翻译教学采用的先技巧讲授、后练习点评的方式。先阅读后翻译既可以扩大学生词汇量，促进阅读能力的提高，实现有效自主学习，同时也可以提高翻译教学的效率，为未来翻译教学发展提供一种新思路和新方法，丰富教学手段。

五、结束语

综上所述，"先看后译"的实用翻译教学模式可操作性强，教学效果较明显。这种方法不仅拓展了翻译课堂的教学空间，而且有利于培养学生英语语用能力和自主学习能力，使他们能够在未来的学习中成为合格的实用翻译人才，从而更好地服务于社会。

参考文献

1. 陈小慰. 新编实用翻译教程[M]. 北京：经济科学出版社，2006.

2. 陈刚等. 实用文体翻译：理论与实践[M]. 杭州：浙江大学出版社，2008.

3. Nord，Christiane. *Translating as a Purposeful Activity* [M]. 上海：上海外语教育出版社，2001.

4. 方梦之. 我国的实用翻译：定位与学术研究[J]. 中国翻译，2002（6）.

5. 林克难，籍明文. 实用英语翻译呼唤理论指导[J]. 上海科技翻译，2003（3）.

6. 丁衡祁. 努力完善城市公示语逐步确定参照性译文[J]. 中国翻译，2006（6）.

7. 岑秀文，楚向群等. 基于网络和工作坊的非文学文本汉译英仿写教学法[J]. 上海翻译，2008（1）.

8. 林克难. 从信达雅、看易写到模仿—借用—创新[J]. 上海翻译，2007（3）.

9. 宋小玲. 在阅读中提高学生写作能力[J]. 陕西师范大学学报（哲学社会科学版），2006（2）.

10. 何克抗. 建构主义革新传统教学的理论基础[J]. 电化教育研究，1997（3）.

依托项目模式在翻译教学中的应用

摘要：本研究将依托项目的教学模式应用于英语专业翻译教学之中。该模式强调以学生为中心，在教师的指导下，在真实/模拟商业项目中互相协作，共同完成职业翻译的任务。本模式旨在提高学生综合翻译能力以满足市场对翻译人才的需求，并在教学理论和实践上为翻译教学提供借鉴。

关键词：依托项目　翻译教学　翻译能力

一、引言

依托项目模式教学产生于 20 世纪八九十年代西方的一些发达国家。国外关于依托项目学习的研究成果丰富，理论成熟。西方一些国家的大学在很多课程中引入了依托项目的方法，并总结出了一套行之有效的依托项目学习的模式。21 世纪以来，我国对于依托项目教学模式的实践与研究增多，在依托项目模式应用方面也进行了一系列很有价值的研究，依托项目教学模式是一种应用广泛、非常有效的学习模式，可以应用于高等院校很多专业课程。就英语教学而言，已有学者将之应用于大学英语阅读教学、听说教学、商务英语教学等课程中。本研究将借鉴依托项目模式，将其应用于翻译教学中，突出学生在教学中的主体地位，以期为高校英语专业翻译教学提供理论和实践的参考。

二、依托项目翻译教学的意义和价值

本研究有利于翻译教学模式的改革。首先，目前英语教学出现了"翻译转向"，这不仅体现在四、六级考试翻译类试题难度和比重的增加，同时也体现在翻译硕士（MTI）的教育发展中。依托项目教学模式的研究与推广易于使高校在翻译教学方法上找到改革的突破口，以此带动其他英语教学的变革，推动英语教学质量的提高。其次，本研究成果将作为河北工业大学城市学院的校本教研项目，其成果直接用于该校的大学英语翻译教学与英语专业教学，对提高教师的教学研究能力及推动该校的翻译教学改革多有裨益。本研究拟通过河北工业大学 2012 级英语专业学生（ 114 人）在翻译教学、相关毕业设计中开展依托项目的教学活动，以求得教学效果、学生翻译能力、学生的学习态度和学习方法的转变，而此转变是在教师从事研究的过程中完成的，它对提高教师从事翻译教学研究的能力是一种锻炼；同时对学生翻译实践能力的培养，提高学生的翻译综合素质是有利的。因此，翻译教学中依托项目教学法的应用研究，可以为深入开展依托项目教学积累实践经验。

三、实施策略和教学内容

作为实践性较强的技能，翻译教学应当注重与职业化特性相结合，课堂教学内容应与社会需求和产业发展趋势相符合。依托项目的教学模式可以很好地实现这些目的。教师应将真实的工作项目、工作环境引入课堂，创造条件让学生们在项目中学习，熟悉翻译项目工作流程的每一环节，在实践中讲授翻译理论和翻译技巧，将课程内外紧密结合起来。具体而言，教学内容可囊括以下两个方面：

1. 教学材料的选定

依托项目的翻译教学要求选择合适的翻译材料，作为翻译知识的载体，教材起着导向作用。除必要的文学翻译材料用以培养学生的语言美感外，还应更多地充实与实际翻译工作相关的实用文本材料，包括科技、经贸、法律、外交、教育、人文、影视、艺术等各个社会生活层面。这些材料更贴近翻译实际工作，学生在练习时也能更真实地体会翻译职业的工作过程，了解翻译市场特点，从而积累更多的实际翻译经验。

2. 适当的职业行为指导

高校教学的缺点之一是缺乏社会实践，有鉴于此，在运用依托项目的翻译教学中，可适当加入能够了解职场译者行为和生活的内容。如每堂课内可安排 5～10 分钟，由教师或根据自身实践经验，或借鉴他人经历讲授译者的职业道德和职业生活，以及如何与客户沟通，如何协调与其他译者的合作关系等。有条件的学校，还可邀请职业译员来给学生举办相关讲座，以更加真实的案例同学生一起分享实际翻译工作经验和感受。

四、教学步骤

在依托项目模式的翻译教学中，学生应在教师指导下，以团队协作的形式，以完成真实或模拟商业翻译项目为目标，在规定的时限内，完成承接的翻译任务。具体而言，可分为以下几个步骤：

1. 项目启动

首先，在实施教学前，学生应了解翻译项目运作流程，包括与客户接洽、签订合同、分配任务、监控翻译质量、团队的协调、译文提交、译作质量反馈、报酬的发放和项目后期总结等环节。其次，教师须根据教学进展情况，带领学生在本地翻译市场寻求翻译项目，亦可根据学生水平引入模拟商业项目开展教学，由教师充当监控者、组织者、质量审核者等角色。

2. 译前准备

将学生分组，5～8 个人组成一个翻译小组，确定一名组长，并为组里每个学生分配任务，如译员、校对、术语查找和建库、资料搜索等，并明确译文的格式与提交日期，要求学生统一术语和翻译风格。教师可引导学生收集与译文相关信息，如平行文本、背景知识，从而了解原文的语言风格等，扫清翻译过程中可能会出现的困难。

3. 项目的指导和监督

首先，学生应以小组为单位研读并讨论原文，在进行独立翻译的基础上，小组内统一翻译风格，进行译文的初步修改；同时，在项目教学进行中，教师可通过各类通信工具，如 QQ、微信、MSN 等了解并指导监督项目的进度，特别是可通过与各个组长的沟通了解翻译进度、难点、译员的表现等以帮助学生进一步修改译文。在初步完成翻译项目后，要努力向客户征求对译文的反馈意见，组内讨论并再次修改译文。在此过程中，教师应采取引导方式监控教学，力图为学生创造一个轻松和谐的学习氛围。同时，可要求学生及时书写翻译日志、撰写翻译反思、记录翻译过程中的问题和思考的过程。这一过程可培养学生自我监控的能力。

4. 项目翻译的评估

依托项目翻译教学的评估是衡量学生翻译能力不可或缺的一部分，作为教学手段和学习评价手段，形成性评价相比终结性评价有着较大的优势，它不仅可以提高学生的自主学习能力，使学习具有明确的导向性，还可以帮助教师了解学生翻译进展情况，改进教学，为学生调整学习策略，进而激发学习兴趣。具体而言，可采用教师、客户、学生三方面的综合评估，以计分的方式量化处理。客户评价可采取问卷调查的方式，包括译文的可接受性、术语统一、翻译速度、工作态度等方面；教师评估可包括学生在项目中的参与度、译文质量、工作态度以及通过学生的翻译日志衡量其自我提高的轨迹；学生自我评估可包括自我翻译能力提高、翻译理念的变化程度、翻译工具的使用、翻译速度的变化以及互相讨论的收获等。自我评估可督促学生在学习过程中自我反思、体验成功，从认知、情感、交际、自我管理等多方面培养学生的自我监控能力。

五、实施效果

从一学年的依托项目翻译教学方法的实践中可以看出，该模式从课程内外极大地拓展了翻译课堂，提高了教学的职业化程度，主要表现在以下几方面：

1. 有助于培养学生英语学习的自主性，形成主动学习的学习态度。通过依托项目学习的教学模式，学生对自己的翻译过程进行全程负责，从了解客户要求、任务分配，到数次翻译，与客户沟通，直至最终交付终稿都需要学生自己完成全部环节，从而培养翻译学习的自主意识和自主能力，为终身学习奠定良好的基础。

2. 提高了学生的英语综合翻译应用能力。它对提高学生适应真实市场的协作性、实践性和参与度有着积极的促进作用。依托项目模式教学的开放性、交互性、灵活性和自主性特征，既使教师能够成为监督者和指导者，又真正培养了学生对翻译的理性认识和实际操作能力。这种教学模式为今后的翻译教学注入了新的生机与活力。

3. 通过应用依托项目的教学模式，提升翻译教学质量，创新人才培养机制。它打破了以往的结论教学模式，符合人由感性到理性、由现象到本质的认识过程，融入了过程式教学思想；同时，通过依托项目的翻译教学模式，运用实际翻译案例融入教学过程，增强学生利用所学翻译知识分析问题、解决问题的能力，培养学生主动思考和实践创新能力，提高实际教学效果。

4. 改变传统的"以教师为主"教学模式为"以学生为主"的合作性教学模式，而这种模式又从根本上促使教师改变传统的"以教师为主"的教学模式。同时，新型教学模式也重视培养学生的合作性和互助性，如采取小组讨论、合作翻译以及同学间的翻译互评和学习表现的集体评议等"以学生为主"的教学形式，有意识地培养了学生在未来社会所需的合作互助的素质。依托项目模式应用于翻译课堂教学，是从翻译实战中学习。通过学生接下翻译项目，成员任务分配，展开翻译，并进行校对、交稿、讨论、反馈，从实战中学习翻译，了解当前翻译行业对人才的岗位要求及其发展趋势，这样使课程教学内容能够及时反映相应专业的发展方向。

六、结语

依托项目的翻译教学模式突出了翻译工作的职业性和实践性，通过该模式，学生不仅可以直接体验职业翻译的工作环境，也增强了协调能力、沟通能力和与人合作的能力，并在整个过程中得到多层次自我提升，这些都是传统翻译教学模式所无法企及的。总之，该模式有利于学生在实践中迅速成长，为他们毕业后进入翻译市场，成为合格的翻译人才奠定了坚实的基础，值得在翻译教学中大力推广和应用。

参考文献

1. 王湘玲，毕慧敏. 建构基于真实项目的过程教学模式——兼评《翻译能力培养研究》[J]. 上海翻译，2008（2）.

2. 王湘玲，贺晓兰. 项目驱动的协作式翻译教学模式构建[J]. 外语教学，2008（5）.

3. 王荣. 基于项目的影视翻译教学设计[J]. 台州学院学报，2012（2）.

4. 吴咏花. 翻译实践项目模式下的学生译员翻译能力研究[J]. 前沿，2013（24）.

翻译教学案例

基于网络和工作坊的研究型翻译教学模式培养方案与具体实践

一、引言

我国加入 WTO 后对外开放脚步加快，社会对翻译人才的需求也迅猛增长。传统翻译教学模式周期长、效率低，远远不能满足社会对各种翻译人才的需求。鉴于此，本课题组对河北工业大学外国语学院翻译教学模式进行了适时而大胆的改革与实践。

本研究目的有如下六点：一是切实提高翻译教学质量，提高学生综合翻译能力，加强其思辨性和学术性意识与能力的培养，为京津冀区域经济发展培养急需的翻译人才；二是加强应用翻译课程体系建设；三是信息化背景下产学研结合的应用翻译教学模式探索；四是应用翻译教学电子资源库的建设；五是实现教师专业发展，探索教师从经验型向研究型过渡的途径；六是实现教师精神发展。

本研究的主要内容如下：一是提出了操作性强的基于网络和工作坊的本土化翻译资源模块式仿写课程教学方案；二是应用翻译课程体系建设顺利完成，集中体现为理论与实践、思辨性与职业技能、人文精神与实用操作能力协调并重的有机组合；三是尝试构建涉及教学、实习和评估三个环节的应用翻译职业素质培养体系，提出关注网站本地化过程中的翻译问题对改变应用翻译教学"适销不对路"现状具有较大意义；四是建立了开放的供教学和实践所用的包括英汉对比库、翻译技巧库、应用翻译双语库、电脑辅助翻译工具库（Computer Assisted Translation；CAT）等的翻译电子资源库；五是教师"在教学中研究，在研究中教学"，通过校本科研实现研究型教师自我发展，成功实现从知识传授向构建创造性研究者的社会角色升华；六是教师通过理顺教学、科研与生活的关系，其自身职业化成为一种良性互动，达到"至善"境界，教师理想职业状态和教师生命意义得到完美融合。

本教研模式以现代信息技术为依托，以学生为中心，以地方性翻译资源为载体，构建学习平台，形成师生共同发展的研究型教学模式，培养学生的实用翻译能力和社会能力，以满足市场和人才长远发展需求。成功的实践表明了该模式所蕴含的科学性及生命力，学生的职业能力及教师科研取得的成果以及师生人格的进一步完善都验证了这种优化教学存在的价值。

本研究报告共分五部分，第一部分介绍国内翻译教学的现状；第二部分为该研究报告的主体，具体阐述了基于网络和工作坊的研究型翻译教学模式培养方案与具体实践情况；第三部分进一步阐述了该模式的实践效果；第四部分就基于网络与工作坊的研究型翻译教学模式的各种效果反馈及获奖情况给予展示；第五部分为结语。

二、基于网络和工作坊的研究型翻译教学模式的依据

1. 国内翻译教学现状

随着中国经济实力的提高，对外开放程度的不断深化，急需高级应用翻译人才，我国高校外文院系出现"翻译转向"。虽然出现翻译热，但翻译授课内容、翻译授课模式、翻译教学研究严重滞后。

（1）翻译教学模式单一

当前高等院校的翻译教学和口笔译人才的培养都是跟不上

我国社会发展需求的。之所以出现这种现象，主要原因在于今天的翻译教学模式依然在一支粉笔、一块黑板、一本教材以及教师一张嘴这种传统模式中徘徊。传统教学模式日益显示其不足，第一，传统翻译教学突出教师的权威地位。翻译理论与技巧由教师灌输给学生，教师根据统一的翻译标准对学生的翻译练习进行评判，学生完全处于被动接受地位，自主学习得不到充分发挥。第二，传统翻译教学侧重于翻译理论与技巧的单独教授，忽视了学生感知翻译理论及运用翻译技巧的实践过程，不利于学生知识构建。第三，传统翻译各教学环节不能有机统一，教学效率低。传统翻译教学一般是采取"讲—练—评"的教学方式。教师在课堂上主要讲授翻译理论和技巧，学生课后根据这些理论和技巧做翻译练习，之后教师把学生的练习收上来集中评阅；完成评阅后发回给学生，再在课堂上集中评讲。这种方式表面上看起来一环扣一环，但一个过程下来，费时长，周期也长，实际上是相互脱节的。而且，由于传统翻译教学不能对学生翻译过程进行有效监控，因而翻译教学难免出现盲目性。教师对学生翻译中出现错误的原因只能进行主观臆测，不能做到"对症下药"。第四，传统翻译教学缺乏学习翻译的环境。传统翻译教学中，学生做翻译练习，其心目中的读者只有一个，就是老师。在这种情况下，由于地位的差异，学生不会把自己看作译者，而是一个任务的完成者。有的学生更是把翻译当成一种作业来应付。由于角色意识不浓，难以激发起内部动力。

（2）翻译教学内容陈旧

国内传统翻译教学内容偏狭、陈旧，没有时效性。英专四、八级考题内容以文学、时政类话题居多。这些考试基本不会涉及应用技术类语料。传统翻译教学的实践内容也多以文学名著为主，外加一些经典政治著作的翻译，反映当代社会经济、文化、科技方面内容的素材很少。无论是本科生还是研究生阶段，"通才"教育和评估测试理念使我国翻译教学强调知识的系统性、完整性，较少按照翻译岗位所需专业知识和专项能力组织教学。理论内容偏多与实践教学环节的弱化，造成教学时间和资源浪费，严重影响学生职业技能的形成。

综上所述，翻译教学要想跟上社会和时代的发展，培养符合社会需要的人才，就必须改革现有封闭的教学体系。

（3）传统翻译教学模式下教师的职业兴趣不高

传统翻译教学模式下教师的积极性不高和鼓励机制不完善。首先，外语教师中对翻译方向感兴趣的最少，这体现了供求之间的矛盾。2009 年上半年，本项目组成员参与"河北省高校英语专业教学状况研究"项目调查期间，对省内 12 所高校 114 位英专教师进行了具体科研方向的问卷调查，31 人（27.2%）认为目前个人具体研究方向为语言学，50 人（43.9%）为外语教学， 28 人（24.6%）为文学，11 人（9.6%）为翻译。其次，许多高校译作不计入职称评定范围内的科研成果，学生毕业设计不能翻译作品只能写论文等，都不利于师生翻译实践能力的提高。

三、基于网络和工作坊的研究型翻译教学模式培养方案与具体实践

河北工业大学外国语学院英语专业始建于 1998 年，为适应市场对英语专业毕业生的需要，学院于 2005 年开始，在原有课程设置和师资力量的基础上，进行了专业分流，开设翻译、文学和商务三个方向。除开设专业基础课程英译汉、汉译英、口译外，学院还为翻译方向学生开设专业模块课：翻译史、英汉对比与翻译、高级笔译、高级口译、文学翻译与欣赏；同时，还面向全校开设走进英汉翻译世界、实用汉英翻译两门校级选修课。整体教学环节设计紧密有序，理论与实践并重，注重翻译基础以及翻译

操作、策略及心理等各方面翻译职业能力与翻译研究能力的共同提高。下面对本项目组展开的基于网络和工作坊的研究型翻译教学方案及具体实践情况做一详述。

1. 塑造学生翻译专业基础能力

学生的双语基础是将来从事翻译职业的核心，课程将提供丰富的网络资源以优化学习过程，部分课程采用传统教学法着力夯实翻译基础，以及传统资源与网络资源、网上网下深度整合等三方面。

（1）提供丰富的翻译网络资源，优化学习过程

在基于网络和工作坊的研究型翻译教学模式实施过程中，项目组成员在汉译英、文学翻译与欣赏、高级笔译、翻译技巧及校选课等授课期间充分利用信息技术交互性强的特点，在教学方法和手段上进行了改革，采用灵活多样的教学方法和教学手段，将纸质教材、教学参考书与电子教案、网络课程相结合，将课堂面授、课堂讨论、网上虚拟课堂相结合，鼓励学生进行社会实践，在课程中营造一个数字化、信息化的学习环境，用网络技术实现交互式动态的教学环境。以"启发式""自主性"和"互动式"的教学取代满堂灌的教学方式，激发学生的学习热情，通过讨论、网站、个案分析和各类翻译练习等形式组织教学，在网上提供电子教案和丰富的网络资源，方便学生自主学习，形成一个立体化的教学组织方式。采用现代技术进行教学，用多媒体教学取代以黑板和粉笔为主的传统教学模式，使课程的教学方法和手段更适合新时代学生的心理特征和认知模式，把先进性、科学性、趣味性、形声性和自主性有机地结合起来。本项目组在教学过程中注重教学规律，掌握多媒体教学的特点，发挥多媒体的优势，优化教学过程，利用声音、图像、文本形象生动地讲授翻译教学内容。在教学过程中，本项目组不断对课件内容进行更新，及时反映翻译研究的发展，并建立有效的信息反馈系统，建立网上信息反馈渠道，课程教师在教学过程中注意了解学生的学习进展，根据学

生的反馈情况调整组织教学。

本教学模式指导学生在翻译中更好地利用互联网。翻译者往往位于知识、信息交流的最前沿，在社会快速发展的今天，由于知识产出与信息更新太快，新知识、新信息、新资料、新词语、新术语、新表达层出不穷，日新月异，传统的纸质工具书、资料书由于出版周期和信息交流的限制，往往滞后于发展，不可避免地会出现信息空白，尤其在双语对译方面，更会出现诸多盲点。这一在传统时代几乎无法克服的问题，在互联网时代可以得到较好地解决，译者可以利用互联网检索、查询，许多新词语的翻译在互联网的帮助下可以迎刃而解，互联网为翻译开启了新时代的助译之门。利用互联网检索，学生还可以在词汇、搭配、用法、语例、频率等判断、选择及原作背景等方面获得充分的参考信息，对语言的真实状态有比较客观的把握，从而译出地道的译文。掌握并利用互联网技能，已经成为学生学习翻译、练习翻译的必修内容。本项目组在互联网辅助翻译教学方面进行了创新性的探索，对互联网辅助翻译教学予以了较大的重视，指导学生在翻译中使用互联网，向学生推荐的部分网站有：全国翻译专业资格（水平）考试网 http：//www.catti.net.cn/；中国翻译网 http：//www.chinatranslate.net；中国翻译协会 http：//www.tac-online.org.cn/；中国翻译研究 http：//tscn.tongtu.net；中国翻译家联盟 http：//www.translator.com.cn/；国际翻译家联盟 www.fit-ift.org；金桥译港世界通 http：//www.netat.net、http：//www.xinhuanet.com/；中国日报 http：//language.chinadaily.com.cn/vocabulary.shtml；Beijing Review《北京周报》http：//www.bjreview.com.cn/；中国人大网 http：//www.npc.gov.cn/zgrdw/english/home/index.jsp（英）；中国最高法院 http：//www.court.gov.cn/；中华人民共和国中央政府网 http：//english.gov.cn/（英）；新华网 http：//www.chinaview.cn/（英）；中国新闻网 http：//www.chinanews.cn/（英）；《人民日报》在线英文版 http：//english.peopledaily.com.cn/，等等。同时，我们项目组成员对学生利用翻译学习网站的情况作了追踪调查研究，并发表题为《口笔译专题学习网站的设计与应用的实证研究》及《WIKI翻译语料库的构想》等相关论文。

（2）采用传统教学法，夯实翻译基础

项目组部分成员在课堂教学上仍保留课堂讲授、课后练习、作业评改、课堂讲评、典型译例分析的方式进行基础翻译教学，以传统的词法、句法等翻译教材为主，重点讲解翻译的方法和技巧，对单句、段落和篇章练习进行阶段性结合。汉译英部分课时和英译汉部分课时，"英汉对比"部分采用连淑能教授的《英汉对比研究》纸质教材，以同学亲笔练习的方式进行，以达到较电脑更深层次理解掌握的目的，打牢学生语言学的功底。

另外，项目组非常认同"一桶水和一碗水"以及"工夫在诗外"的哲理。电子资源的携带毕竟不如纸质图书方便，电子资源以新见长，纸质参考书籍以经典取胜。项目组教师积极为学生选择比较翻译教材、翻译参考书、翻译用辞典、翻译类国内外权威杂志，以培养学生翻译理论和实践的素养，加大加深理论与实践的知识储备。

教材的选择使用是影响教学质量的重要因素，项目组精心选择的翻译课程教材包括课堂用教程、自编材料和学习参考书。课堂用教程包括陈宏薇等主编《新编汉英翻译教程》，其为国家"十五"规划教材；《汉英·英汉美文翻译与鉴赏》（刘士聪，南京：译林出版社，2002）；《英汉翻译简明教程》（庄绎传，北京：外语教学与研究出版社，2002）；《新编英汉翻译教程》（孙致礼，上海：上海外语教育出版社，2004）；《英语口译教程》（仲伟合，北京：高等教育出版社，2006）。同时，我们配以自编材料加强课堂实践训练，针对学生具体特点，选编相应的翻译练习材料，紧跟时代选取最新文章与资料作为教学素材，供学生进行翻译练习。教材类学习参考书包括吕瑞昌等编著的《汉英翻译教程》、张培基等编的《英汉翻译教程》、王治奎主编的《大学英汉翻译教程》、杨平主编的《名作精译——〈中国翻译〉汉译英选萃》及《名作精译——〈中国翻译〉英译汉选萃》等。本项目组还为学生提供了大量促进其主动学习的扩充性资料，以开阔学生眼界，包括《当代西方翻译理论探索》《西方翻译简史》《中国译学理论史稿》《文学翻译的理论与实践——翻译对话录》《汉英词语翻译漫谈》《中译英技巧文集》等。我们指导学生使用工具书，介绍各种词典、工具书的特色与应用范围，使学生能够了解使用专门工具书，例如，《汉英词典》《新时代汉英大词典》《汉英成语词典》《新闻宣传英语》《英汉大词典》《新英汉词典》《新时代英汉大词典》、Longman Dictionary of Contemporary English、Longman Contemporary English-Chinese Dictionary、《牛津高级双解词典》《当代英汉搭配词典》《简明不列颠百科全书》等，对工具书的了解与运用是翻译的重要基本功。我们还指导学生阅览学术期刊，把握翻译最新动态，学习最新翻译理论与方法，通过学术期刊了解国内外翻译界更广阔的领域，接触吸取更多的翻译知识，吸取更多的翻译养料，重点推荐的期刊包括《中国翻译》《外语教学与研究》《外国语》《中国科技翻译》等，期刊阅读对提高学生翻译水平与研究能力具有相当大的帮助。

（3）传统资源与网络资源深度整合

在课堂教学中，项目组教师充分将传统教学和网络资源相结合。在口译课上，教师事先通过论坛等平台发布难度适中的探究性问题，帮助或启发学生自己提出更多的探究性问题，引导学生走进情境，激发学生学习的内驱力。在随后的口译课堂上，安排学生2人为一组，1名学生按事先从网站上下载的材料进行发言，另1名学生担任口译员。另外，组织学生召开模拟国务院新闻发布会，主题内容来自网络视频。在训练过程中，一方面检验学生自我学习的质量，另一方面加深学生对所学知识的掌握。活动结束后，教师和学生会对口译过程存在的问题进行点评，进一步帮助学生克服缺点。在笔译课上，教师将学生在网络上的翻译实践和讨论拿到课堂上进行讨论。在这个过程中，教师将翻译精华和讨论集中的问题予以展示，并设置问题分析文本，引导学生思考艰深词汇以及复杂句子结构的转换，在讨论中将学生作为主体，使他们在课堂活动中处于主导地位，这样可调动学生学习翻译的积极性。

总之，计算机网络多媒体的运用，可以提供大量信息资源，提供鲜活的教学素材，丰富的口笔译资源，为教师有效地指导学生进行自主学习提供了一个动态的、有利的实施环境。它的应用有利于深化翻译教学内容，改革教学方法，将翻译理论、实践、测试等内容有机结合起来，赋予学生更自由、更具个性化的学习空间，延伸了翻译课堂教学，实现了信息技术与课堂教学的融合与促进。

2. 为强化研究能力，本科毕业论文仿写英专硕士毕业论文

毕业论文是学生培养计划中的必修部分，考察、提高学生翻译理论、实践水平及研究能力。具体而言，我们提出英专硕士毕业论文仿写法，大大降低了难度，增强了信心，合乎了规范，使学生创造性思维能够不受研究范式和语言表达的束缚，做到以下几种方式的创新：一是顺着硕士论文原有知识的思路进行类比联想；二是对原有不完善之处或不妥之处进行完善或修正；三是对感兴趣的硕士毕业论文文末的 Further Study 做进一步探究。

项目组创新性地提出本科毕业论文仿写英专硕士毕业论文法，已经尝试了三年，颇有成效。具体来看，比如有关于中国食品业官网、政府官网的英译研究，学生则创造性模仿定义论文题目为"中国银行业门户网站英译归化策略与变译方法"，有的论文研究中国重点高校网页英文版，有的学生则想研究河北省高校门

户网站英文版建设情况等，这样可以更加有效地进行文献综述、理论框架的制定、研究方法的采纳，使本科生初起做研究更有针对性，入门更容易，也更有成果可出。近两年来项目组所带毕业论文题目如下：

（1）中国银行业门户网站英译归化策略与变译方法

（2）班德瑞曲名汉译策略之解析

（3）河北省旅游景点网络版英译评析

（4）2012年版CATTI官方指定教材英译汉部分例析

（5）等效原则视角下的汽车商标中译探析

（6）河北省普通高校英文门户网站建设现状调查

（7）从功能理论看2008奥运会开幕词英译

（8）不同IT企业官网英译现状调查

（9）"两会"后总理记者招待会的英译：读者反应论视角

（10）从文化翻译理论看天津"五大道"景点英译

（11）翻译教程评估：以《英汉翻译教程》和《英汉互译实践与技巧》为例

（12）英语新闻在不同媒体的编译策略

（13）语用学角度看会展用语的英汉互译

（14）河北工业大学翻译方向学生发展规划

（15）从接受理论看《越狱》字幕中隐喻的汉译

每届毕业生中报选翻译内容毕业论文选题的学生都在30%以上。本项目组的主讲教师大都参与了毕业论文的指导工作。从选题、开题到写作中的每一个环节、每一个步骤从方法到内容上进行具体详尽的指导，直至最后定稿。教师在指导的同时，尤其注意对学生理论结合实践意识、创新精神与能力的培养。指导的历届毕业生均顺利通过论文答辩，部分论文被选评为优秀毕业论文。

3. 实践教学全面提升综合能力

本项目的特色之一就是重视实践教学环节的建设，狠抓实践教学的过程管理和质量，确保做到实践活动有利于本专业的培养目标，有利于学生实际能力的培养，有利于树立学生服务社会的意识。

（1）实践教学设计思想

我校是一所地方性以工为主、多学科协调发展的高等学校，定位为"教学研究型"本科学校。本项目组就如何有特色地进行实践教学活动作了大量积极的探索与研究。根据企业和市场的要求，项目组将培养英语翻译人才的指导思想定格为夯实基础，突出特色、重视实践。

翻译是一门实践性很强的课程。翻译技巧的熟练运用、翻译能力的获得都只能在大量的实践中形成。因此，教学就应注意突出课程的实践特性。在开展实践教学活动时，我们主要遵循了下列基本设计思想：

显性课程与隐性课程相结合：显性课程即课堂教学，隐性课程即课外自主学习。显性课程重在示范、引导、指导，学生通过课外自修去操练、体悟、巩固、拓展。隐性课程包括教师指定课外翻译练习、自主翻译学习等，开展学生在线翻译，人机对话，教师在线辅导，通过互联网的大信息量交流，实现教育资源信息化。获取与时代同步、与生活相关的翻译题材，引起学生利用课余时间主动参与口、笔译实践活动的兴趣，使课程教学生机勃勃；同时，鼓励学生积极实践，指导学生参加各种形式的实践活动。

语言能力与翻译技能并重：以本项目的网络平台为实践教学体系的平台，夯实、提升学生的语言能力。同时，通过举办一年一度覆盖全系的翻译大赛，参与天津市每年举办的英译汉、汉译英翻译大赛，聆听来自校内外专家的讲座，历练翻译技能。

实践教学设计要注意突出三个特点：

受益面大：活动形式多样化，尽量覆盖全体学生；活动尽量做到学生主办、学生受益，鼓励学生参与活动的各个环节。

以学生为主体：活动形式由学生设计，活动全程由学生参与，活动创新靠学生智慧。

真实化体验：鼓励学生积极参与各种翻译社会实践，课堂实践要尽量贴近现实生活。

（2）实践教学目标和内容

开展翻译实践教学活动的总体目标是拓展教学空间，是对翻译课堂教学的延伸。让学生通过翻译实践，把所学到的知识转化为实用的翻译技能；让学生了解真实翻译活动的全流程，从接受翻译任务到把翻译成果交给客户的整个过程；让学生在翻译实战中对译员的职业有切身的体会，让学生积累实战经验，实现从学校教育到社会实战的衔接过渡。具体内容如下：

①独立翻译练习：由学生自己在课外独立完成，练习内容与教师课堂讲解配套。

②翻译工作坊：长篇翻译及译后记（翻译报告），一学期三次（每次每人2000英文字）。分成小组，1人主译，4人校译，如学生翻译的传记一篇。

③课外小组交流：学生间相互对照各自的翻译练习并进行讨论。教师课堂讲评，让学生从练习和比较中学习翻译技巧。

④校内外的翻译竞赛：为了增加锻炼机会，提高学生的英汉翻译能力，我们每年举行一次校内英译汉、汉译英翻译竞赛。我们还定期组织学生参加校外的各种竞赛，如天津市翻译大赛，全国大学生演讲比赛、辩论比赛等，并取得不俗的成绩。

⑤全校性翻译讲座：请校内外的专家举办专题翻译讲座，或由学生会学习部组织，让学生中的翻译爱好者担任讲座的主题发言。我院曾先后邀请天津财经大学人文学院外国语系主任温秀颖教授、天津财经大学人文学院院长孙建成教授、河北师范大学外国语学院院长李正栓教授分别就"英语学习的翻译之道""英语散文汉译与翻译能力培养"和"谈红色经典诗词英译"为我院师生

进行了主题讲座。

⑥模拟生活中的真实场景：在课堂上引入演讲、对话、求职、讨论、辩论等多种形式的口、笔译活动，让学生置身其间并开展即兴翻译。

⑦毕业论文写作：毕业论文写作是学生培养计划中的一项必修内容。每届毕业生中报选翻译内容毕业论文选题的学生都在30%以上。本项目组的教师都参与了毕业论文的指导工作。从选题、开题到写作中的每一个环节、每一个步骤都进行具体详尽的指导，直至最后定稿。教师在指导的同时，尤其注意对学生理论结合实践意识、创新精神与能力的培养。本项目组指导的历届毕业生均顺利通过论文答辩，部分论文被选评为优秀毕业论文。

（3）实践教学考核内容与方法

考核方法主要是由学生提交实践报告，结合实践过程中实际情况和指导教师的考勤，进行等级评定，分优良中差四个等级。

（4）创新与特点

创新之处在于实施"以学生为中心"的教学模式，通过提问、启发、讨论等方式，积极引导学生参与翻译实践，克服传统教学方法的局限性。其意义在于使学生开阔了眼界，拓展了视野，积累了宝贵的经验，加强了交际沟通能力，调动了他们潜在的学习积极性，树立了自信心，提供了一个个性化发展的舞台，使他们在实践中产生继续努力学习英语并从各方面提高自己的动力。

特点在于课内与课外相结合，由于翻译课程具有很强的实践性，应重视课外翻译实践活动的开展，使其成为课堂教学活动的拓展和延伸。本课程包含多种教学实践课，可供完成"较高要求"和"更高要求"阶段学习任务的学生进行自由选择。这是有别于其他英语教学实践课的一大特点和亮点。

（5）实践教学效果

学生语用能力明显改善：学生的翻译学习从课堂延伸到了课

外，在社会实践活动中，他们到校外实训基地实习，如到旅行社作实习导游、国际会展中心作志愿者、翻译协会当义务翻译、起草英语广告与合同等；在大学校园举办英语讲座、英语广场，口、笔头交际能力得到很大锻炼。

学生跨文化交际能力全面提升：以英语为工具，以跨文化学习为目的，实现了语言学习的交际功能。学生在双语学习中克服了语言障碍，接触到了原汁原味的西方文化知识，开阔了眼界，启迪了思维。

英语自主学习的积极性得到充分调动：在老师的指导和翻译教学平台网站的辅助下，按照既定的方向，把理论知识的学习和课外实践活动结合起来，在自主学习中培养了分析问题和解决问题的能力。

开放性和研究式学习正在成为风尚：自主学习培养了学生的自主精神。在翻译学习中，他们学会了用英语思维和用英语表达，提高了学习主动性和综合翻译能力。

四、基于网络和工作坊的研究型翻译教学模式的效果

1. 网络和工作坊教学实现翻译电子资源库的建立

上海外语教育出版社推出"翻译专业本科生系列教材"。该系列教材总数近 40 种，比较全面地覆盖了当前我国高校翻译专业本科所开设的基本课程。纸质教材对同一题材和体裁的语料平行文本的展示毕竟是有限的，而该系列教材之一的《应用文翻译》，就包括商业信件、通知通告、企业合同等大量文本类型，科技翻译和文学翻译等也包括很多板块。构建高校教学资源库是教学信息化的根本，翻译资源库尤为重要。目前公开出版发行的此类翻译资源库尚未出现。非文学翻译占翻译市场 90%以上，教师和学

生不可能对各个专业的文本都能处理，不同专题的双语平行文本库，如世界五百强企业介绍 500 篇、产品说明书 1000 例、法律双语文本 100 例等，可供翻译人员、学生和教师以仿写的方式进行不同门类的翻译。建立信息化翻译资源库过程，就是培养综合翻译能力的过程。教材电子版、网络开放性资源库等与纸质材料相结合才是未来教材发展的趋势。

　　立体的适合本地发展需要的多样性教材同时也可以开发。国内目前有 20 多所高校可以培养翻译学方向的博士生，约 150 家高校可以培养翻译学方向的硕士生，7 所高校可以培养翻译专业本科生，约 900 所高校拥有英语本科专业，这些高校在高年级开设英汉汉英翻译课程，有的还开设翻译方向。许多高校因其历史缘由、地缘环境、学校类别、办学层次不同，有不同的社会需要和资源优势，同时学校的师资体现的特长也有倾向，因此可以建立基于本地的开放式双语电子资源库。以河北省高校为例，可以以河北省翻译协会为载体或本地高校联合，进行河北旅游资源、河北企业会展、河北电视台国际频道、河北省政府文件与外宣等双语资料的收集与汇编工作，同时还可进一步辐射京津冀经济圈，为地区发展服务。学生和教师以各种合作形式共同研究、操作并收集翻译软件，直接存储电子网页和网络辅助翻译的案例，将比纸质教材更直接。另外，英汉对比库、翻译技巧库、真题库等可以提供大量实例，对学生反复操练都有一定价值，并可随时添加最新内容的例子。教学不仅可建立以自主竞争、合作探究为主导的新型学习方式，信息资源库还可以挂靠学校网站，英语专业、非英语专业本科生和非英语专业研究生都可共享。

　　下面以应用翻译教学模式授课方案英译汉为例（64 学时一学年）说明资源库建立情况。简而言之，本项目组经过 7 年的教学实践，通过下表所示日常授课的方式，即"学生工作坊从谷歌等搜索引擎，中国知网、超星电子书、图书馆等资源找材料—提前发到网络—教师网上评价—小组课上演示，教师和其他同学问问题（类似论文答辩形式），评定成绩—学生学案集合—资源库建立"，同样对表中"模块内容"一列提供的 5 项翻译资源积累了大量的电子语料，初步形成了项目组的翻译电子资源库，尤其是"经贸、法律、企业资料、电视访谈、影视剧字幕、网络新闻、旅游资源、会展资料"方面的电子资源，为翻译实践可以提供直接的平行文本仿写参考。

应用翻译教学模式授课方案英译汉为例（64 学时一学年）

授课模块及由此形成的资源库	学时	模块内容	部分参考书目	授课方式
课程介绍	2	课程介绍，信息化翻译教学和工作坊形式探究学习的理念和方法		工作坊从谷歌等搜索引擎，中国知网、超星电子书、图书馆等资源找材料—提前发到网络—教师网上评价
英汉对比（库）	4	综合语与分析语、聚集与流散、形合与意合、繁复与简短、物称与人称、被动与主动、静态与动态、抽象与具体、间接与直接、替换与重复	连淑能（1994）何善芬等（2002）	
翻译技法（库）	8	词义的选择、引伸和褒贬，词类转译，增词，重复，省略，正反表达，分合，被动，名词从句，定语从句，状语从句，长句，习语，拟声词，外来词，逻辑，数字翻译等	张培基等（1980）许建平（2007）刘宓庆等（2006）	一小组课上演示，教师和其他同学问问题（类似论文答辩形式），评定成绩—学生学案集合—资源库建立

续表

授课模块及由此形成的资源库	学时	模块内容	部分参考书目	授课方式
翻译软件（库）	4	主流翻译软件如塔多思、东方快车、金山词霸等示范操作；搜索引擎如GOOGLE、YAHOO、QIANYING、YOUDAO等在线词典和翻译网站的尝试使用和评估		工作坊从谷歌等搜索引擎，中国知网、超星电子书、图书馆等资源找材料
应用语篇翻译（库）	34	经贸、法律、企业资料、电视访谈、影视剧字幕、网络新闻、旅游资源、会展资料等	陈新（1999）刘宓庆（2007）申雨平等（2005）	—提前发到网络—教师网上评价—小组课上演示，教师和其他同学问问题（类似论文答辩形式），评定成绩—学生学案集合—资源库建立
翻译真题（库）	4	专八翻译真题，三种（人事部、北外、上外）翻译证书，非英专考研英语翻译真题，英语专业不同院校研究生考试真题等，突出地方性，如天津学生基本报考学校南开，天外，天师大等真题分析	张春柏等（2009）	
翻译教学与学习反思	4	从题库出题，测评授课结果。考察学生学习态度、收获，听取学生改进意见等，总结翻译学习方法，培养综合翻译能力、意识，竞争、合作、探究、终身学习意识，养成翻译习惯，喜欢文字，对文字敏感		期末考试调查问卷访谈

翻译资源库的建立就是教师日常的教学内容，也是学生学习

的过程和内容。英汉对比库—翻译技法库—翻译软件库—应用语篇翻译语料库—翻译真题库—各种翻译活动，其中应用语篇翻译语料库为主体。前三个库的构建方式为：学生小组从中国知网、超星电子书等资源找材料，小组消化吸收做成专题讲座，提前发到网络，教师网上评价，小组课上演示，教师答疑，评定成绩，学生学案集合。这一过程具有量大、开放的性质。

（1）英汉对比库，英汉对比是翻译的方法论基础，以连淑能10个话题（形合与意合、直接与间接、繁复与简短等）为基础。

（2）翻译技法库，翻译技法是基于英汉差异采取的变通策略，教师和学生找出最经典技法句子或段落案例。

（3）翻译软件库，翻译技巧掌握到一定程度，用两周时间讨论翻译软件，建成翻译软件库。

（4）专题双语平行文本翻译语料库，学生以小组为单位摘选没有参考译文的实时单语文本，利用网络查找同类文章的双语平行文本，进行仿写式翻译，选出以小组为单位的最佳译文进行课上演示，由教师和其他组成员评析，即采用小组"查找平行文本—平行文本比对—仿写翻译—小组讨论—班级展示—教师讲评"的竞合探究方式，最后形成最佳译文。所找双语平行文本和学生所做翻译都是资源库的语料，最终以合作形式建立针对特定专题如计算机、财经、法律等的翻译双语平行语料库。

（5）建立各种翻译考试真题语料库，翻译证书、考研真题、英语专业不同院校研究生考试真题等，都由学生以小组方式进行。

教学中，师生共同创建英汉对比、翻译技巧、CAT软件、真题、不同专题双语平行语料库等电子版翻译信息库，可以大容量、开放性地作为学习和研究翻译的有效资源加以利用。这样不仅可建立以自主竞争、合作探究为主导的新型学习方式，信息资源库还可以挂靠学校网站，英语专业、非英语专业本科生和非英语专业研究生都可共享。

2. 学生职业能力和研究能力的提高

（1）学生翻译综合能力的提升

基于网络和工作坊的研究型翻译教学模式改变了学院式的封闭教学体系，采用密切联系实际的开放式教学思路。教师教学中通过承接商务性翻译任务，训练学生基本技能和创造能力，以为学生找好职业"订单"为追求。由于现在大多数翻译公司实行网上竞标法，门槛不高，在校学生完全可以以小组或个人为单位尝试竞标。为此，项目组成员在翻译教学中及时调整课程内容，在市场需求与学生意愿之间寻找特色专业平衡点，培养社会需要的大量应用翻译人才。例如，很多学生通过网络注册成为同文翻译公司成员，密切关注职场瞬息万变的发展机会；项目组积极组织学生参与"同文春季活动——专业翻译成长之路"。通过网络学生与崔启亮、黄翔、朱宪超、王迎等 CAT 专家，翻译项目经理，翻译专业教师进行一线实时视频交流，为学生进行职业规划做了有力积淀。

在注重线上翻译活动的同时，我们也不忽视线下翻译实践的开展，包括学生团体自发翻译图书，在译言网投稿，在同文译馆进行翻译竞标，在国际翻译平台 Translator Town、PROZ 等注册实习，在家乡旅游景区担任翻译，还有学生自建小型翻译语料库等。在基于网络和工作坊的应用翻译教学模式开展的每一课堂，都是以订单式培养为追求的方式进行翻译职场的一种实战演练，学生最大化感受到职场的挑战和成就感。翻译任务为学生自主选择本人最感兴趣、市场应用最新最广的内容，在无参考译文的情况下，运用最先进翻译工具，在团队中类似项目管理框架下完成的翻译工作。例如，有同学选译网络购物产品耳机说明书、笔记本电脑说明书等进行翻译；有女生选译化妆品使用说明等，并仿做电视导购节目，进行现场导购演示。在团队方面，如英语 C092 班 Winners 团队采集天津市五大道历史风貌建筑之一"方先之故居"介绍的标牌英译，进行评析，发现拼写错误和数处不妥之处；还有同学采集天津博物馆、古文化街景点介绍英译，天津滨海新区公司简介英译，天津滨江道商业街公示语图片、天津百脑汇电子商厦电子产品导购类双语文本等。英语 C091 班的 Sparcle 团队在暑假打工时，对国际名牌乐器介绍材料的翻译做了实时汇报，使同学对翻译工作的程序性、时间紧迫性、客户需求标准、翻译公司推荐的灵格斯软件的功效等有了第一手的了解；俄罗斯前总统叶利钦逝世时，英语 C091 班学生曾第一时间在《纽约时报》下载英文文本，又从其他网络资源查找平行文本，仿译出这一消息，并在课堂上双语播报，很有震撼力和时效性。英语 C092 Vester 团队合译了美国前总统奥巴马《我父亲的梦想》一书中的一章，准备用较长时间精译完成，然而译完一章时发现译林出版社于 2009 年 1 月 8 日已首发中文版，并得知译林出版社于 2007 年已获得该书中文版版权。在同学演示完自己译文后，老师就此话题给学生介绍《尤利西斯》两译本争相面市的情况，"现身说法"地增强了学生"稳、准、快"的翻译市场意识。英语 C092 班 Venus 工作坊，通过网络塔多思翻译软件自学教程探索其使用，经网络向陌生人求助，得到很多热心的专业人士发来的截图。学生们不仅学到了知识，增强了探索意识、能力和信心，而且从内心深处认识到众多高手已经掌握艰深的大型翻译软件的操作。她们强烈表示寒假期间将继续探究，而且也将帮助有需要的人。通过访谈得知，学生通过这些实践，普遍增加了翻译成就感和就业的信心。每个学生都有自己独特的先天素质、形态素质和习得素质，因此为学习者设计出最佳的教学计划，开发个性化教学方法，使学生得到最充分的发展，是符合新世纪人本主义教育的基本思想的。

翻译课程实践性教学还包括翻译比赛和社会翻译等。参加翻译比赛可展示学生的翻译能力，推动学生在学习中竞争，在竞争中学习；社会翻译让学生参加实际应用翻译，将自己所学应用到社会实践中去，在社会课堂中锻炼和学习。实践教学是翻译教学的组成部分，均取得了良好效果，多篇毕业论文入选校级优秀论文，参赛学生在翻译比赛中获奖（获奖名单见后）。社会翻译赢得了社会的好评，使学生在翻译理论与实践相结合方面得到锻炼，促进了学生在翻译学习、研究、应用等方面的提高。实践性教学成为优化翻译教学的重要途径。

（2）学生学术意识和能力的提高

通过研究来学习，能够提高学生解决实际问题的能力，并最终实现对知识的深层次理解和建构。通过论文阅读与研讨的授课，学生普遍增强了问题意识，发展了反思性批判性思维。下面举例说明。

《应用文体常用题材的汉英翻译》一文展示了10余家企业介绍的英汉双语材料，对这些语料的阅读，激起了学生自我研究的愿望。在课堂上，学生指出论文中所列中国企业介绍普遍设计呆板，语言层次不够明晰；进而有学生提出家乡的企业网站没有英文网页，毕业论文写作想以家乡企业介绍英文版的设计为题。在研讨《论修改原文在旅游翻译导册中的应用》一文时，有英语导游经历的学生对家乡景区英语导游手册和酒店翻译提出了具体的建议。总之，论文研讨课培养了学生思维的"灵活性"和"广度"，让学生反思性地分析与生活密切相关、有真正挑战性和真实性的问题，效果显著。本科生缺乏对毕业论文的定位，没有或很少有表达自己要研究的问题及其意义的意识，具体表现在多数学生对选题没有想法，只好由教师进行命题。通过学生自己提出的问题则更具研究的本意，让学生多经历一些"小"研究，在日常教学中提供其"借题发挥"的机会，继而产生自己的研究目标，学生因此能够有所收获。

3. 教师专业方面和精神方面的历炼与升华

基于网络和工作坊的研究型翻译教学同样激发了教师专业

水平的提高，教师的认知情感也得到很大提升。

（1）教师专业研究能力的提高

工作坊式应用翻译教学模式，在翻译教学的目标和内容、教学观念和方法、学习方式和评价方式方面可以生成有指导性的理论成果，具体表现在以下三方面的变化：第一，教案方式的转变。教师写课后反思、教例的同时写学例。第二，学生学习方式的转变。学生合作、竞争、成功的机会增加，学习方式呈多样性。第三，学生作业的变化。作业不再是单一枯燥的文本，而是富有色彩、充满乐趣的多元复合体。在形式改变的基础上，该模式同时也为翻译教学研究者提供了以下视角：一是教学模式研究，包括教学环境的构建和教学活动设计的研究。如网上网下师生关系的建立，网络环境中学习资源的提供，以及实现现代教育媒体与技术在课堂教学中最优化运用等研究。二是相关学习策略的研究。维基百科理念和形式，通过"贡献与分享"共建信息综合体，提升现代人的合作品质、竞合探究学习意识和思维品质研究。三是对该教学法的评价研究。包括评价原则、评价方式和激励措施等方面。四是该教学法与教师的专业发展研究。五是发展性教学与反思性教学的研究。师生通过翻译博客、日志进行深度叙事、反思。六是该教学法下开放性试题与评价的研究。这些研究视角无疑丰富了教师日常教学科研的维度，进一步提升教师专业素养。

（2）项目组教师精神发展

教师群体自我精神发展状况直接影响整个社会的长远和谐。思想意识内在升华是教师自我精神发展的根本。基于网络和工作坊的研究型翻译教学项目组提出教师自我精神发展"三次升华"模式，即教师自我精神发展是一个从个人的生存意识到群体的道德意识，再到整个社会的人文意识的升华过程。中西思维方式和人文教育的结合、西方通识教育和中国传统思想的结合，形成了教师信念的塑造——竞合探究，这是英语教师专业发展的精神立足点。竞合探究的理念在于既承认他人的长处又具有勇于竞争的健康心态。

另外，教师群体对待职业和生活，应用真诚去理解身边的一事一物。人的一生是探索美的一生，用自然的热情释放内心的赞美，认真对身边每一个人展示给你的这个世界，经常写教学故事、教学案例、教学反思，进行深度叙事，会培养敏锐的观察力、创造力，学会客观地看待自我和他人，同时以出于自然的状态完成研究所用的原始积累，达到教育和研究的完美统一，这符合事物发展的本意和逻辑。

项目组在"基于网络与工作坊的研究型翻译教学模式"理论与实践的探究过程中形成的思想积淀以两篇论文的形式发表在中国教育类核心期刊《中国成人教育》2009 年第 17 期和 2010 年第 3 期，论文题目分别为《教师自我精神发展的三次升华》和《研究型教师自我发展的实现——以翻译教师为例》，形成一定的学术影响和社会影响。

五、基于网络和工作坊的研究型翻译教学模式的效果反馈

1. 访谈调查反馈

为了对英语专业翻译课程创新模式进行更深层次的分析和论证，项目组展开了访谈调查。以事实为据，通过访谈相关学生，基本摸清了学生对课程设置及教学方法等的看法，为进一步深化教学改革奠定了基础。

学生对教学内容的反馈：学生在课堂反馈中写道："一周一次的翻译课程让我们收获颇丰，不同文体，从选词到句子再到篇章层层渐入，让我们由浅到深掌握翻译的点滴精华。""课堂内容

丰富，涉及文学、政治、经济和商业等多方面内容，很实用，收获很大。""我们深切体会到两种语言表达习惯和思维方式的差异，翻译鉴赏开阔视野，锻炼思维能力。"

教学态度的反馈："老师讲课有激情，让同学们感兴趣，本来枯燥的课变得生动有趣。""老师准备很充分，态度很认真，每堂课都很有收获。""老师工作态度认真，积极备课，专业知识扎实，课堂内容饱满鲜明。"

课后作业的反馈："老师布置的作业非常好，在批改完作业之后，老师都会有针对性地对问题做耐心的解答与纠正。""老师对作业反馈很及时。""从作业实践中，了解了中西方文化的差异。"

自本教学模式开展以来，我们坚持每年收集学生的反馈意见，不断完善教学模式，充实教学内容，改进教学方法，坚持不懈的努力换来了学生对本课题的高度认可，现摘录部分学生反馈如下：

学生一：学习翻译，仅仅学习翻译理论是不够的；学习翻译，必须不断实践。在翻译学习过程中，理论是指导，实践是根本。翻译实践应该包括对现有的各种优秀译本的研究与学习。通过比较多种译本，我们可以学习不同译本的长处，弄清一个词组、一个句子、一段文字、一篇文章应该怎样翻译才是恰到好处，从而提高自己对翻译的理性认识和动手能力。

学生二：这一学期以来，收获很大，至少从我的作业上可以反映出这一点。我以前并没有像现在这样认真地做好每一次作业。做作业的过程中，让我的思维更开拓了，我觉得这也是个学习的过程……我觉得翻译课，虽然做 PPT 累了点，但每次都能学到很多东西，增强了自主学习的能力。每次做 Presentation 都要自己寻找话题，表达观点，解决问题，反馈问题，每次我都学到一个新的知识点。这学期还学了新闻翻译、商务翻译，我觉得实用性很强。平常我自己也是很喜欢去了解这些话题，只怪太懒了，没有好好去研究。我觉得今后，还是很想接着把这些方面的翻译做好。学习是一种愉悦的过程。末了，谨感谢老师的"自主学习"方法。

学生三：经过一年的翻译学习后，我发现自己的知识面拓宽了不少，因为每次所做的练习文体不同，每次练习过程中都会发现不少问题。通过学习比较译文、参考译文及同学做的 PPT，自己的译文经过多次修改后也比较满意了。在短短一年的翻译课学习中，不管是 PPT 制作还是网络平台使用等，我感到自己的能力都有所提高，而老师的点评、讲解、介绍、问答及分析，更是让我学到不少。虽然大四已无此课程，但相信这段学习是个好的开端，我也将继续在此基础上好好学习这门课程并应用于其他课程。希望越来越多的课程能采取这种师生互动的方式来提高学生自主学习的能力。谢谢老师！

学生四：经过一年的翻译课程的学习，我在课堂上学习了很多，收获颇丰，并在翻译水平上有了很大的提升。下面就从该课的教学技巧和教学效果来发表我个人对翻译学习的体会与感想。首先，从该课的教学技巧上看，我很赞同老师的教学模式。关于教学模式，同学们以自由结组的形式进行分工合作，共同讨论研究，一起完成对所选作品的翻译鉴赏和讲解，并以板书或打印材料的形式直观地展现给大家。通过讲解名家的译文，不仅使我们学习到了许多翻译技巧、方法以及词组、成语和句子的固定译法，而且锻炼了同学们的语言表达能力、团队合作意识以及分析鉴赏文学作品的翻译方法，学会以批判的角度看问题，从而有助于形成自己独立的翻译风格，增加同学们上台演讲的经验和勇气，提升了个人能力。为同学们今后的学习工作打下了基础，积累经验。同时，老师布置的作业需要在课下查阅资料。在此过程中，我通过独立完成翻译、课上老师提问并更正、修改翻译、总结归纳的步骤，找出自己翻译的缺点和不足，学习正确地道的翻译方法，了解与正确翻译版本的差距，发现自己翻译中存在的问题，并从中汲取经验教训。此外，还学会了不盲从参考答案，用批判的眼光看待不同翻译版本，逐步提高了自身翻译水平。翻译并不是一门容易学的学科，需要大量的翻译实践并从中总结经验，积累教训，才能不断提高翻译水平，形成自己独特的翻译风格。在翻译这条路上，我会不断努力，坚持不懈，不断提高自己的翻译能力。

学生五：对于这门课程，我受益颇多。作为一名翻译方向的学生，汉译英这门课是重中之重。在老师的帮助和引导下，这个学期我们涉猎了不同文体、不同特征的文章，从文学翻译到政治翻译、科技翻译、广告翻译、企业简介、证书翻译等。通过一个学期的翻译实践，培养了我对于不同文体翻译的翻译策略和翻译技巧的选择，使我的翻译水平提高了很多。非常喜欢老师的讲课方式，详略得当，重点突出，课本和课外资料穿插利用，详细讲解各种翻译方法。同时，每周同学自己做的关于诗歌、翻译大家和美文的鉴赏，使这门课内容充实，新颖突出，受益匪浅。通过学习，使我认识到了自己能力的不足，汉语功底的薄弱和翻译技巧的欠缺。这半年的学习足够使我看清自己在某些方面的不足，以便在今后的学习中有针对、有重点地学习。

2. 电脑辅助翻译自主教学访谈实录

项目组进行了为期两周有 136 人参加的电脑辅助翻译自主教学。通过采用电脑辅助翻译工具，包括各种免费翻译语料库，Google 翻译搜索引擎 Trados、SDLX 等，并结合演示——"CAT百家讲坛"大大激发了学生的学习热情。通过本部分内容的学习，有两名学生本科毕业后考取北大语言计算所和重庆大学的计算语言学专业硕士，一名毕业生保送上海交通大学计算语言学攻读硕士学位，他们一定程度上都是通过"CAT 百家讲坛"得到了启发。通过对参与学习学生的具体访谈也能反映出他们在电脑辅助翻译方面的意识和技能的提高：

我会截图了，我发现可以在翻译网站找兼职，我想买电脑。（学生 J 访谈，2012-4-24）

通过课下的搜索资料过程和听同学们的发言，我了解了许多关于翻译的知识，而且也知道了自己的不足，如在网络知识和翻译软件的使用方面。（学生 C 访谈，2012-4-24）

通过大家的介绍，我了解了很多翻译软件和网上词典，感觉很有用，这样我们以后就再也不会只局限于一本"牛津"了。其次，通过自己的准备，我知道了很多搜索引擎的用法，这才知道原来自己在网上查东西是那么的盲目……用电脑那么长时间了，原来自己什么都不懂。（学生 L 访谈，2012-4-24）

通过对翻译工具的讨论，充分认识到网络对于翻译的重要性。虽然现有的软件或网络资源并没有将翻译进行的十分完美，但是相比之下，还是会省去我们手工翻译查词等的很多时间，并且可以将翻译的几个版本同时作比较，选择最优方案，因此在节省时间之外还可优化资源。（学生 S 访谈，2012-4-24）

以前并未注意"计算机辅助翻译"这一概念，也只是简单从网络上搜索一些知识，利用金山词霸进行翻译。在老师介绍这一概念、用途、范围，以及 Google 的使用方法，这才使我对此有了兴趣。如何更快、更准从 Google 上搜索知识，这些不同符号都让我大开眼界，在课后付诸于实践操作。今天听了同学的介绍，了解了不同翻译软件的优缺点及如何更好地辅助翻译，使我能充分地利用网络资源辅助学习。我也会更多地尝试计算机软件带给人们的乐趣，并找到自己的系统。（学生 M 日志，2012-4-24）

通过两次课上同学的讲解和演示，我充分认识到了对于一个英语专业的学生来说，利用网络进行翻译不是万能的，但没有它也是万万不能的。现代社会科技高度发展，要仅凭一个人的实力翻译大量的专业资料相当费时费力，这时就需要借助网络这个几乎是无所不能的工具。但是由于一些不完善的地方也限制了人们

对它的信任，例如翻译缺乏逻辑性、思辨性等。（学生 Z 日志，2012-4-24）

很有触动，觉得有一种时代的紧迫感，思维和心智，生活与理想，成绩和差距，都是需要激活的！比较喜欢开放式的课堂，介绍最新、最前沿并且实用的东西。学会一种知识和学会一种技能的概念是不同的。掌握前者意味着学会后者。（学生 W 日志，2012-4-24）

通过学习和研究这些翻译的辅助方法，我真的学到了很多东西，第一次感受到电脑的真正作用。电脑不仅是简单的播放器与游戏机，它更是内容最新、最多的翻译大词典。利用电脑，通过各种各样的辅助工具，如网上词典、在线翻译网站等使翻译工作做得更加准确、细致，觉得真是太神奇了。以前对电脑知之甚少的我对网络真的没什么兴趣，但现在我改变了自己的想法，以后我要好好研究一下这些网络辅助翻译方式。（学生 Y 日志，2012-4-24）

3. 自我评价

本项目的主要特色包括以下几个方面：运用现代化的教学手段，以学生为中心组织教学活动，结合社会需求，有针对性地开展翻译实践并注重师资建设。通过多种手段将教学与科研有机结合，取得了显著的教学成果。

（1）现代化教学手段

在本课题的教学中，我们将教学内容制作成电子教案，通过现代化教学模式，把传统教材与电子教案相结合，利用多媒体展示现代化动态教学，从而增加课堂信息量，提高了教学效率。具体来讲，首先，项目组充分利用网络技术，将课程简介、师资队伍、教师的电子教案、教学录像等信息发送上网。教师通过该网络平台发布作业，组织各种教学活动，将其作为一种课堂教学的延续，一种能够有效调动学生自主学习的途径与方式。其次，教师在网络平台上创建学生自主翻译园地，建立译文精品欣赏、翻译擂台等平台，并放手让学生自己为这部分的平台内容进行扩充，自组网上翻译竞赛，或就某一翻译问题展开网上讨论。就效果而言，网络教学平台的建立极大地激发学生自主学习的热情，作为课堂教学的延伸，有效地提高了教学效果。例如，翻译实践中，不同文本对译者提出了不同的知识要求。科技文本需要相关的专业基础知识，文学文本需要关于作者、作品的背景知识，新闻翻译需要新闻事件的历时、共时的相关资料。任何一个翻译学习者、翻译教师或某一本翻译教材都不可能同时具备所有这些知识。只有充分利用互联网提供的资源，才能补教材之不足、补课堂教学之不足。通过积极有效地利用互联网，建立翻译资料语料库，在很大程度上提升了翻译教学的效率，不仅弥补了课堂教学无法充分关注学习者个体差异的不足，提升了学习者自主学习的能力，同时也促进了翻译教与学的互动。

（2）"以学生为中心"组织教学活动

在"以学生为中心"的教学理念指导下，将批评式教学模式和情境化教学模式相结合。首先，在课堂教学过程中，视学生为教学的主体，教师是教学过程中的组织者、指导者。教师负责确定教学内容，指明学习方向，监督、组织小组讨论，并对讨论内容进行总结点评，不再是权威性翻译版本的提供者，而是能给予学生有效指导意见的建议者。这样的教学模式可以最大限度地发挥学生翻译的主动性与创造性，并培养其协作解决问题的能力。其次，教学中项目组始终坚持以学生为中心的教学原则，努力达到课堂上师生的互动，最大程度地调动学生自主进行学习的积极性。为此，项目组充分利用现代化教学手段所带来的便利，采用比较直观的多媒体课件进行教学，建立工作坊的教学模式。在充分讨论原文的基础上，先让学生提供自己的译文，然后师生、生生之间互相"点评"，最后将参考译文展现在学生眼前。此外，作业讲评时，我们特别注重以学生的作业情况为基本依据，表扬优秀译文，将此类"范本"与大家共赏。"批评"不足译文，但采取匿名的方式，由教师读出译文，让大家讨论并加以改进。通过这种以学生为中心的教学活动，不仅激发学生的积极性，还提高了课堂教学效果。简言之，项目组注重翻译教学理论研究和应用，坚持翻译教学改革，依据 21 世纪翻译教学的新特点以及社会对外语人才的需求变化，确定以学生为中心、结合工作坊教学模式，以学生自主建构知识为主要特征的教学模式。该模式强化学生的综合素质培养，致力于培养学生的实际翻译技能、自主知识建构能力和未来从事翻译工作的应变能力，坚持理论联系实际的教育教学原则，将翻译理论的讲解与翻译实践能力的培养紧密结合。

（3）结合社会需求，有针对性地开展翻译实践

社会需求始终是各科教学的重要指针，翻译教学也不例外。因此，我们有意识地加强商务、科技、新闻报刊、公文等与社会现实需要关系更为显著的翻译实践，同时强化传统的文学翻译实践。以翻译实践为主，教学内容有针对性和实用性。在学习中，学生必须接受大量的翻译实践训练，通过可行性翻译教学，解放学生的思想，拓宽学生的视野，将学生带入翻译理论的广阔空间，培养学生扎实的基础知识和严格的基本功训练。根据时代发展的需要，在传统的英美文学翻译的基础之上，逐步加大实用性文体翻译的训练量，并结合理工高校专业特色，加强科技文体的英汉翻译等。

（4）注重师资建设，教学与科研相结合

本项目组教师科研力量强，成果多，注重教改教研和科研成果在教学中的应用。近三年来，培养翻译方向副教授 4 人。现在课题组人员中，课程组教师博士后一名，博士一名，其余均具有硕士学位。教师均有多年高校笔译教学的经验，具备较强的教学、

科研能力。近年来，已成功申报多项省级、校级教改科研课题，在全国核心期刊发表论文多篇。通过本项目的实施，既培养出一支爱岗敬业，科研和实践能力较强，有丰富教学经验的中青年教师队伍，同时也引导广大翻译课教师用新的翻译教学理论、丰富的教学内容、灵活的翻译教学手段去上好每一堂翻译课。

4. 学生获奖

经过多年的教学实践探索，在"基于网络和工作坊的研究型翻译教学模式"的指导下，我院学生取得了不俗的成绩。以下列举近年来学生在各级各类翻译比赛中所获奖项：

英语专业：

天津市高校第六届翻译大赛

一等奖：连菲菲；二等奖：马丽娜；三等奖：潘倩；优秀奖：郝瑞华

天津市高校第八届翻译大赛

二等奖：陈艳；三等奖：靖琳琳；优秀奖：谷雯雯、侯倩

天津市高校第九届翻译大赛

二等奖：赵惠妙；三等奖：许文静；优秀奖：陈艳

天津市高校第十届翻译大赛

三等奖：浦克；优秀奖：王平平

天津市高校第十一届翻译大赛

一等奖：浦克；二等奖：任晓凤；三等奖：许永健、薛文

天津市高校第一届汉译英大赛

三等奖：韩菲菲；优秀奖：程亚克

天津市高校第二届汉译英大赛

优秀奖：张希娴

"光大永明杯"天津市大学生英语口译大赛

一等奖：陈月明；二等奖：马炳淑；三等奖：王明亮

非英语专业：

天津市高校第六届翻译大赛

二等奖：王晓易；优秀奖：黄建军

天津市高校第八届翻译大赛

三等奖：张振珠

天津市高校第十届翻译大赛

优秀奖：郑洪福

六、结语

1. 教学层面

本项目基于计算机网络和工作坊进行研究型翻译教学是改进翻译教学模式的一次大胆尝试。计算机网络的充分应用为学生开创了尽可能多的学习空间，提供了更大的自主性。在此过程中，我们重视教学过程的设计，提倡交互式、感悟式教学和创造力培养，倡导以多种方式从网络环境中发现和利用信息，推广网络翻译教学的应用范围，提高翻译教学的效率和有效性。首先，在实际教学过程中，项目组为学生提供了大量促进其主动学习的扩充性资料，包括相关翻译教材、学术期刊以开阔学生眼界，同时鼓励学生参加翻译实践活动，提高实际翻译能力。其次，项目组教师在课外时间精心准备内容丰富详尽的电子课件，在课堂利用多媒体进行翻译教学。指导学生在翻译中利用互联网，弥补传统工具书的不足，查询最新资料，把握语言真实状态，译出地道译文，并利用互联网学习新的翻译知识。利用电子邮件等手段与学生保持教学联系与交流，实现了信息技术和课堂教学的融合与促进。最后，项目组在基于网络和工作坊的研究型翻译教学实践中，以建构主义等现代教育理念为基础，在翻译过程和方法上采用信息技术，在教学上考虑利用各种现代化教学手段，广泛开发和整合各种翻译相关信息资源，开放性地优化翻译教学内容，从而基本实现学生为研究型翻译学习者和未来的翻译职业者，教师为研究型翻译学学者的共同发展过程。总之，它代表了当今网络化外语教学的新趋势，其推广前景极为广阔，为翻译教学领域开辟了一个新的途径。

2. 创新方法层面

在基于计算机网络和工作坊进行研究型翻译教学过程中，项目组产生了诸多富有创新性的想法并付诸实施。我们提出了"基于课堂教学的网络开放式翻译教材的构建""应用翻译资源库的创造""WIKI 翻译语料库"的构想，这些创新型的模式运用于教学中有助于提供最及时的语料数据，为翻译实践和研究提供更优质的资源，便于进行描写性翻译研究。同时，项目组注重追求科研的内在动力，提出对本科生进行硕士论文阅读与研讨培养思辨性的教学导向，并进一步辐射英语专业论文写作课，非英语专业本科、研究生阅读和写作课，利用"本科毕业论文仿写硕士毕业论文"等方式进一步研究探索翻译教学与研究相关方法论课题，产生了一系列相关研究成果。

3. 精神层面

在精神层面，项目组注重发挥学生的内在潜力。首先，项目组提出自由、自我关怀的理念，提倡师生、生生竞合的关系。这一精神实质在于打破"文人相轻"的陈旧观念，培养学生承认他人的长处，同时又勇于与他人公开竞争的健康心态，从而能意识到竞争永远小于合作，认识到同学、同事是最好的合作伙伴。其次，基于网络与工作坊的研究型翻译教学中，项目组教师注重关怀生命，提倡生命价值的挖掘，充分调动学生参与的积极性。例如，课堂讲义由学生决定内容，期末试题全部为学生讲义，不设标准答案。这一实践彻底从学生需要出发，探索了教育伦理学、教育叙事学，实现了国外学校的一贯要求，即"学生每次带着问题走进教室，教师每次带着问题走出教室"才是合格的老师、合格的学生、合格的课堂。教师力图将和谐思维与和谐发展贯穿每一个教育活动中，使学生从中获得了"亲其师，信其道"的实践。大学之所以能够成为大学的原因不在于有多少高楼，而在于是否有大师，大师即为精神力量。因此，教师在精神层面的提升，在当代中国教育中，在引导学生认识生命、寻求个人生命价值以及培养学生对待生活积极向上的人生观等诸多方面都起到了潜移默化的作用。

4. 教师发展层面

课题组成员在本课题研讨与实践过程中教学相长，获得了专业发展，做到了与时俱进、产学研结合。通过构建课堂文化提升了教师人格魅力，增强了问题意识与批判思维，同时课题本身贯穿的头脑风暴与理念使团队创造力最大化。在此过程中，师生实现了一种真诚的互动，赢得了互相的信任，使信念、自尊及人格得到了升华。作为教师享受到职业本身的自足，积聚起内外兼修的人格力量，这是一生不竭的生存和幸福之动力。

总之，基于网络和工作坊的研究型翻译教学模式通过从学术到专业的过渡，实现个性化的教学，同时与地方经济发展趋势相吻合，注重发挥学生的内在潜力，提升学生自身的自主学习意识。尽管还有诸多需要完善之处，项目组相信通过不断总结和努力，其优势定会得到更好的发扬，同时期望我们改革的经验会为其他兄弟院校的改革提供帮助。

本部分撰写得到本院张尚莲、岑秀文老师的帮助，在此深表感谢。

后 记

本书的顺利出版得到了来自诸多方面关心与支持。

感谢南开大学出版社对本书出版所给予的大力协助，感谢童颖编辑的高效工作以及专业的奉献精神。

感谢河北工业大学外国语学院专著出版基金的支持。

感谢史耕山院长一直以来的鼓励和敦促。

感谢外国语学院同事们对本书撰写、成稿以及出版过程中的指点和关怀。

成书过程中，限于本人水平和能力的不足，疏漏之处在所难免，恳请同行专家和广大读者批评指正。

孙乃荣

2016 年 12 月